高等职业院校学生专业技能考核标准与题库

文 秘

龙新辉　卢如华　黄　海　等 编著

湖南大学出版社

内容简介

本书为技能考核教材,分为两个部分:标准和题库。共设置文字录入、办公自动化、办公室事务管理、秘书写作、文书与档案、会议组织与服务、活动策划、辅助决策等 8 个技能考核模块,测试学生办事、办文、办会等辅助管理和综合服务技能,并考察学生从事秘书工作必需的程序意识、服务意识、责任意识、安全意识、保密意识、细节意识、全局意识等职业素养。引导职业院校加强文秘专业教学基本条件建设,深化课程教学内容与教学方法改革,强化实践教学环节,增强学生创新创业能力,促进学生个性化、可持续化发展,提高高职文秘专业教学质量和办学水平。

图书在版编目 (CIP) 数据

文秘 / 龙新辉等编著.—长沙:湖南大学出版社,2020.4
(高等职业院校学生专业技能考核标准与题库)
ISBN 978-7-5667-1850-1

Ⅰ.①文… Ⅱ.①龙… Ⅲ.①秘书学—高等职业教育—习题集 Ⅳ.①C931.46-44

中国版本图书馆CIP数据核字(2019)第 269462 号

高等职业院校学生专业技能考核标准与题库

文 秘

WENMI

编　　著:龙新辉　卢如华　黄海　等			
责任编辑:吴海燕　张源源		责任校对:尚楠欣	
印　　装:长沙市昱华印务有限公司			
开　　本:787mm×1092mm　1/16		印张:11.5　字数:302千	
版　　次:2020年4月第1版		印次:2020年4月第1次印刷	
书　　号:ISBN 978-7-5667-1850-1			
定　　价:38.00元			

出 版 人:李文邦
出版发行:湖南大学出版社
社　　址:湖南·长沙·岳麓山　　邮编:410082
电　　话:0731-88822559(发行部),88825193(编辑室),88821006(出版部)
传　　真:0731-88649312(发行部),88822264(总编室)
网　　址:http://www.hnupress.com
电子邮箱:pressluosr@hnu.cn

高等职业院校学生专业技能考核标准与题库

编　委　会

主任委员： 应若平

委　　员： 马于军　　王江清　　王运政　　方小斌

史明清　　刘国华　　刘彦奇　　李　斌

余伟良　　陈剑旄　　姚利群　　戚人杰

彭　元　　彭文科　　舒底清

本册主要研究与编著人员

龙新辉（长沙民政职业技术学院）　　　卢如华（长沙民政职业技术学院）

黄　海（长沙民政职业技术学院）　　　汪念明（长沙民政职业技术学院）

王　芬（长沙民政职业技术学院）　　　龙国莲（长沙民政职业技术学院）

谭晓曦（长沙民政职业技术学院）　　　王　茜（湖南大众传媒职业技术学院）

叶坤妮（湖南环保职业技术学院）　　　王　萍（湖南商贸旅游职业技术学院）

禹明华（湖南商务职业技术学院）　　　艾恋颖（湖南通程商业集团）

李　敏（湖南通程商业集团）

总　序

　　当前,我国已进入深化改革开放、转变发展方式、全面建设小康社会的攻坚时期。加快经济结构战略性调整,促进产业优化升级,任务重大而艰巨。要完成好这一重任,不可忽视的一个方面,就是要大力建设与产业发展实际需求及趋势要求相衔接的、高质量有特色的职业教育体系,特别是大力加强职业教育基础能力建设,切实抓好职业教育人才培养质量工作。

　　提升职业教育人才培养质量,建立健全质量保障体系,加强质量监控监管是关键。这就首先要解决"谁来监控"、"监控什么"的问题。传统意义上的人才培养质量监控,一般以学校内部为主,行业、企业以及政府的参与度不够,难以保证评价的真实性、科学性与客观性。而就当前情况而言,只有建立起政府、行业(企业)、职业院校多方参与的职业教育综合评价体系,才能真正发挥人才培养质量评价的杠杆和促进作用。为此,自 2010 年以来,湖南职教界以全省优势产业、支柱产业、基础产业、特色产业,特别是战略性新兴产业人才需求为导向,在省级教育行政部门统筹下,由具备条件的高等职业院校牵头,组织行业内的知名企业参与,每年随机选取抽查专业、随机抽查一定比例的学生。抽查结束后,将结果向全社会公布,并与学校专业建设水平评估结合。对抽查合格率低的专业,实行黄牌警告,直至停止招生。这就使得"南郭先生"难以再在职业院校"吹竽",从而倒逼职业院校调整人、财、物力投向,更多地关注内涵和提升质量。

　　要保证专业技能抽查的客观性与有效性,前提是要制订出一套科学合理的专业技能抽查标准与题库。既为学生专业技能抽查提供依据,同时又可引领相关专业的教学改革,使之成为行业、企业与职业院校开展校企合作、对接融合的重要纽带。因此,我们在设计标准、开发题库时,除要考虑标准的普适性,使之能抽查到本专业完成基本教学任务所应掌握的通用的、基本的核心技能,保证将行业、企业的基本需求融入标准之外,更要使抽查标准较好地反映产业发展的新技术、新工艺、新要求,有效对接区域产业与行业发展。

　　湖南职教界近年探索建立的学生专业技能抽查制度,是加强职业教育质量监管,促进职业院校大面积提升人才培养水平的有益尝试,为湖南实施全面、客观、科学的职业教育综合评价迈出了可喜的一步,必将引导和激励职业院校进一步明确技能性人才培养的专业定位和岗位指向,深化教育教学改革,逐步构建起以职业能力为核心的课程体系,强化专业实践教学,更加注重职业素养与职业技能的培养。我也相信,只要我们坚持把这项工作不断完善和落实,全省职业教育人才培养质量提升可期,湖南产业发展的竞争活力也必将随之更加强劲!

　　是为序。

郭开朗

2011 年 10 月 10 日于长沙

目 次

第一部分 文秘专业技能考核标准

第二部分 文秘专业技能考核题库

第一部分 文秘专业技能考核标准

一、专业名称

专业名称：文秘（专业代码 670301)

二、考核目标

本专业技能考核，通过设置文字录入、办公自动化、办公室事务管理、秘书写作、文书与档案、会议组织与服务、活动策划、辅助决策等 8 个技能考核模块，测试学生办事、办文、办会等辅助管理和综合服务技能，并考查学生从事秘书工作必需的程序意识、服务意识、责任意识、安全意识、保密意识、细节意识、全局意识等职业素养。引导职业院校加强文秘专业教学基本条件建设，深化课程教学内容与教学方法改革，强化实践教学环节，增强学生创新创业能力，促进学生个性化、可持续化发展，提高高职文秘专业教学质量和办学水平，培养适应时代发展需要的"会说、会写、会办事、会做人、会思考"的高端技能型、复合型辅助管理人才。

三、考核内容

（一）专业基本技能
模块一 文字录入

本模块以企事业单位秘书文字录入工作任务为背景，主要是以运用计算机主流输入法完成文字录入为工作内容，基本涵盖了秘书岗位要求的计算机文字快速录入、排版技能。

基本要求：

（1）能运用计算机快速、准确、完整、全面地录入相关文字材料；

（2）能通过听音辨字准确记录语音；

（3）能正确使用汉字，错别字少；

（4）能正确使用标点符号与各类序号；

（5）排版能做到段落层次合理、美观；

（6）能具备遵纪守法、保守秘密、实事求是、讲求实效、忠于职守、谦虚谨慎的职业素养。

模块二 办公自动化

本模块以企事业单位秘书办公自动化为背景，运用现代办公设备硬件、软件技术，完成办公设备基本操作、日常维护和简单故障排除等主要工作内容，涵盖行政助理、文员、前台等秘书类岗位所需的基本技能。要求考生严格遵守操作规程，注意办公硬件软件维护，体现良好的秘书职业道德与职业素养。

1.常用办公硬件的使用与维护

基本要求：

（1）能掌握微型计算机、打印机、复印机、传真机、数码相机、数码摄像机、扫描仪、投影仪、刻录机、碎纸机等常用办公设备操作流程与操作要领；

（2）能完成常用办公设备日常维护和简单故障排除等工作任务。

2.常用办公软件的使用与维护

基本要求：

（1）能区分计算机软件类型，能安装并使用主流操作系统；

（2）能掌握 OFFICE、WPS 等常用办公软件的操作技能；

（3）能独立完成文本创建、表格制作、演示文稿、网络通讯、病毒防范等工作任务；

（4）能根据《党政机关公文格式》（2012 版）创建各种公文模板，提高办公效率；

（5）能掌握图片加工技能以及音频、视频编辑软件操作要领。

（二）岗位核心技能

模块一 办公室事务管理

本模块以企事业单位具体办公环境下日常事务性工作任务为背景，根据秘书工作岗位对办公室事务管理能力的要求，以完成办公环境管理、时间管理、电话接打、接待工作、印信管理、办公用品管理、沟通工作、协调工作等为主要工作内容，主要测试学生完成办公室日常事务性工作的职业能力。本模块基本涵盖了秘书类岗位从事办公室事务管理所需的核心技能。

1.环境管理

基本要求：

（1）能根据办公环境管理要求做好领导、秘书个人及公共区域的环境管理工作；

（2）能掌握办公空间开放式和封闭式设计的优缺点，并做好办公空间的整体布局工作；

（3）能从健康卫生、安全保密、美观和谐的要求出发做好办公室布置工作；

（4）能了解办公环境中有碍健康和安全的隐患，掌握安全检查的工作程序；

（5）《安全隐患记录表》《设备故障记录表》能做到设计规范，要素齐全，填写正确；

（6）能具备忠于职守、乐于奉献的职业道德素养，具备管理者应有的宏观视野和全局意识，具有严谨、细致、规范的办公室工作习惯和服务意识、责任意识、安全意识、保密意识。

2.时间管理

基本要求：

（1）能运用 ABC 时间管理分类法的基本原理解决办公室时间管理问题；

（2）能了解并利用时间管理工具，做好时间工作表的控制管理；

（3）能拟制领导工作时间表，时间表设计规范、要素齐全、统一筹划、弹性安排、科学可行，填写内容简洁、正确；

（4）能拟制秘书工作时间表，并能在工作中合理计划和控制时间；

（5）领导和秘书的工作日志设计规范、内容拟订统一筹划、协调配合、科学可行；

（6）能具备忠于职守、任劳任怨的职业道德素养，具备管理者应有的宏观视野和全局意识，具有严谨、细致、规范的办公室工作习惯和服务意识、责任意识、统筹意识、保密意识。

3.电话接打

基本要求：

（1）能掌握办公电话接听和拨打的操作程序与技术要领；

（2）能设计合理规范、要素齐全的《电话记录单》，来电记录内容简洁、准确；

（3）处理投诉电话及时、正确、规范；

（4）能做好转接领导电话的"过滤"工作；

（5）能具备忠于职守、严谨科学的职业态度，具有细致周密、一丝不苟的职业精神和服务意识、责任意识、保密意识，谦虚礼貌、语言文明。

4.接待工作

基本要求：

（1）能掌握接待方案的写作技能，做到结构要素规范、完整，层次条理清楚，内容较充实、有可行性，语言平实、流畅，标点符号使用规范，错别字少；

（2）能掌握计划性、随机性接待的操作程序和工作要求；

（3）能拟制《接待记录单》，记录单设计规范，要素齐全，记录的内容简洁、准确；

（4）能掌握涉外接待的操作程序和工作要求；

（5）能具备忠于职守、乐于奉献的职业道德素养，具备管理者应有的宏观视野和全局意识，具有细致周密、一丝不苟的职业精神，具备服务意识、责任意识、统筹意识、保密意识，谦虚礼貌、举止文明。

5.印信管理

基本要求：

（1）能掌握办公用印的操作程序和工作要求；

（2）能拟制《用印登记表》和《用印申请单》，登记表和申请单设计规范，要素齐全，记录的内容简洁、正确；

（3）能拟制《接待记录单》，记录单设计规范，要素齐全，记录的内容简洁、准确；

（4）能妥善管理好单位印章；

（5）能掌握开具介绍信的操作程序和工作要求；

（6）能拟制《介绍信发放登记表》，登记表设计规范，要素齐全，记录的内容简洁、正确；

（7）能做好介绍信的管理工作；

（8）能具备忠于职守、乐于奉献的职业道德素养，具有严谨、细致、规范的办公室工作习惯和服务意识、责任意识、安全意识、保密意识等，谦虚礼貌、举止文明。

6.办公用品管理

基本要求：

（1）能了解常用办公用品的种类、名称及易耗品范围；

（2）能掌握办公用品采购的工作程序和要求；

（3）能掌握办公用品发放的工作程序和要求；

（4）能拟制《物品领用申请表》，申请表设计规范，要素齐全，记录的内容简洁、正确；

（5）能具备忠于职守、乐于奉献的职业道德素养，具有严谨、细致、规范的办公室工作习惯和服务意识、责任意识、安全意识等，谦虚礼貌、举止文明。

7.沟通工作

基本要求：

（1）能选择恰当的沟通渠道，掌握单位内外沟通的提问技巧、说服技巧、建议技巧、激励技巧；

（2）能在 30 分钟内分析案例，拟写 200 字左右的沟通工作案例分析文本，做到语言表达通顺、层次条理清楚、内容准确完整、格式标准规范；

（3）能具备忠于职守、谦虚谨慎的职业道德素养，具备管理者应有的宏观视野和全局意识，具备职业秘书应有的服务意识、责任意识、保密意识和团队协作意识，尊重他人，文明礼貌。

8.协调工作

基本要求：

（1）能掌握信息协调法、文字协调法、变通协调法、融合协调法、政策对照法、感情激励法等协调方法和技能；

（2）能在 30 分钟内分析案例，并拟写 200 字左右的协调工作案例分析文本，做到语言表达通顺、层次条理清楚、内容准确完整、格式标准规范；

（3）能具备忠于职守、谦虚谨慎的职业道德素养，具备管理者应有的宏观视野和全局意识，具备职业秘书应有的服务意识、责任意识、保密意识和团队协作意识，尊重他人，文明礼貌。

模块二 秘书写作

本模块以企事业单位秘书实用写作工作任务为背景，运用文书拟写与制作相关专业技能完成请示、通知、通报、函、纪要等法定公文以及计划、总结、简报等事务性文书拟制的工作任务，能对所拟公文进行规范排版制作。本模块涵盖了秘书岗位常用公务文书的拟制技能。

1.法定公文拟制

基本要求：

（1）能使用规范语体和规范结构拟写法定公文；

（2）所拟公文语言顺畅、逻辑严密；

（3）所拟公文内容科学可行、条理清晰；

（4）所拟公文无语病、无错别字；

（5）能对所拟公文进行规范排版制作（标题、层次标识、正文字体字号、行距字距、行数字数等符合要求，法定公文版头、主体和版记要素齐全、格式准确）；

（6）能遵纪守法、具备严谨科学的职业态度，具备细致周密、一丝不苟的职业精神，具有宏观把握、辅助决策的思想意识。

2.事务文书拟制

基本要求：

（1）能使用规范语体和规范结构拟写常用事务文书；

（2）所拟事务文书语言表达顺畅、逻辑严密；

（3）所拟事务文书内容科学可行、条理清晰；

（4）所拟事务文书无语病、无错别字；

（5）能对所拟事务文书进行合理排版制作，使版面美观（标题、层次标识、正文字体字号、行距字距、行数字数等，参照《国家党政机关公文处理办法》）；

（6）能实事求是，具备严谨科学的职业态度，具备脚踏实地、细致周密、精益求精的职业精神，具有宏观把握、辅助决策的思想意识。

模块三 文书与档案

本模块以企事业单位文书处理与档案管理工作为背景，主要运用收文与发文管理、文书立卷、整理、归档技术，完成中小型企事业单位文书处理与档案管理工作任务，基本涵盖了行政助理、文员、资料员等秘书类岗位从事文书处理与档案管理工作所需的基本技能。

1.文书处理

基本要求：

（1）能掌握文书处理工作的基本原则、标准；

（2）能区分文书种类；

（3）能掌握行文规则；

（4）能掌握收发文程序以及各程序操作要领。

2.档案管理

基本要求：

（1）能掌握档案管理基本要领；

（2）能对文件资料等进行立卷归档；

（3）能对档案（包括电子档案）进行分类、检索；

（4）能根据档案价值划分保管期限并进行安全保管，体现良好职业道德与职业行为习惯。

模块四 会议组织与服务

本模块以企事业单位办会工作任务为背景，主要运用会议组织与服务的相关技能，完成会议筹备、会中服务和会后工作任务，基本涵盖了办会所需的基本技能。

1.会议筹备

基本要求：

（1）能遵循会议筹备阶段的基本工作流程和技术规范；

（2）能根据具体的会议目标和任务，拟定会议筹备方案；

（3）能准确领会领导的办会意图，及时与上司沟通会议有关事项，拟定会议应急方案；

（4）能通过组织与策划、沟通与协调，调动各方资源做好会议的各项准备工作，督查会议筹办情况；

（5）能统筹全局，把握细节，在会议筹备的各个环节做到认真细致、讲求实效。

2.会中服务

基本要求：

（1）能协助领导对会议进程进行管理与跟进；

（2）能正确运用接待礼仪，做好会议接待和会场服务；

（3）能撰写会议新闻通稿，接待新闻媒体；

（4）能收集与会人员对会议的意见和建议；

（5）能做好会议记录，编制、印发会议简报；

（6）能及时应对会场突发情况，处理突发事件；

（7）能统筹全局，把握细节，在会中服务阶段做到热情周到、认真细致，注重礼仪、讲求实效。

3.会后工作

基本要求：

（1）能严格遵守会议善后工作程序与相关要求；

（2）能做好与会人员的返程安排，遵循接待礼仪，做好送站（送机）服务；

（3）能及时清退会议文件资料，整理会场；

（4）能及时收集、整理会议文件资料（包括各种声像资料），做好会议文件资料的移交、存档等工作；

（5）能仔细结算会议经费；

（6）能收集反馈会议精神，跟进会议议决事项的落实情况；

（7）能对会议进行全面总结，准确评估会务工作；

（8）能统筹全局，把握细节，在会后工作阶段做到热情周到、认真细致、讲求实效。

（三）跨岗位综合技能

模块一 活动策划

本模块以企事业单位大型活动策划项目为背景，根据秘书工作岗位对跨岗位活动策划能力的要求，以完成庆典活动、剪彩仪式、签字仪式、信息发布会、记者招待会等为主要工作内容，主要测试学生活动策划和方案写作能力。本模块涵盖了仪式庆典和信息发布活动策划的基本技能。

1.仪式庆典

基本要求：

（1）能掌握庆典活动、剪彩仪式、签字仪式筹备工作的内容与方法；

（2）能掌握仪式庆典活动流程设计与实施安排的工作要领；

（3）能拟制内容周全、结构完整、可操作性强的仪式庆典活动策划方案；

（4）能统筹全局，在仪式庆典活动筹备工作中做到严谨、细致、规范，具有良好的服务意识、创新意识。

2.信息发布

基本要求：

（1）能掌握筹备信息发布会、记者招待会的方法、途径及要求；

（2）能掌握信息发布活动的传播模式和工作方法，做好活动流程设计；

（3）能拟制内容周全、结构完整、切合实际的信息发布活动策划方案；

（4）能统筹全局，在信息发布活动筹备工作中做到严谨、细致、规范，具有良好的服务意识、创新意识以及传播意识。

模块二 辅助决策

本模块以企事业单位项目管理、突发事件处理与危机管理为背景，主要运用秘书参谋咨询、调查研究、信息工作、沟通协调、跟进督办的职业技能，完成宏观辅助管理主要工作任务。本模块基本涵盖了秘书类岗位从事宏观辅助管理事务工作所需的基本技能。

1.项目管理

基本要求：

（1）能掌握秘书参谋咨询、调查研究、信息工作的内涵、程序与方法；

（2）能掌握项目管理启动、计划、实施、监控、收尾的工作流程与操作要领；

（3）能熟练使用项目论证、评估手段，进行可行性分析；

（4）能设计并遴选替代性方案。

2.突发事件处理与危机管理

基本要求：

（1）能掌握秘书沟通协调、跟进督办的内涵、程序与方法；

（2）能掌握突发事件处理与危机处理工作程序、基本原则与方法；

（3）能制订突发事件处理与危机工作预案。

四、实施条件

技能考核实施条件如表1所示。

表1　文秘专业技能考核实施条件一览表

项目	基本实施条件	备注
场地	文秘实训室（间数根据考生数量确定），安全条件、采光与通风条件好。	必备
设备设施	实训室配置局域网服务器1台、台式电脑40台、打印机1台。	必备
工具	U盘、评分表、考试须知、A4打印纸。	选备
软件环境	电脑安装WIN7及以上操作系统，安装Office2003、Office2010和WPS2016等办公软件，安装搜狗拼音、搜狗五笔等主流输入法。	必备

五、评价标准

1.评价方式：本专业技能考核采取过程考核和结果考核相结合、技能考核与职业素养考核相结合的方式进行。

职业道德与行为表现部分为过程考核。要求考生遵守国家法律规章、社会良俗及规章制度，具有良好的秘书职业角色意识、服务意识和安全保密意识，体现爱岗敬业和严谨细致的职业素养，行为举止大方、端庄、优雅，符合秘书礼仪规范。

职业技能与作品质量部分为结果考核。要求考生在规定时间内按指定方式完成相关项目工作任务，考评员收集试卷答卷（含电子稿与纸质打印稿），按照秘书岗位职业行为标准评价其结果成绩。

2.技能评价要点：根据考核模块、考核项目确定职业技能评价要点，各模块和项目职业技能评价要点内容如表2所示。

表 2 文秘专业技能考核评价要点

序号	类型	模块	项目	评价要点
1	专业基本技能	文字录入	文字录入	能运用计算机快速、准确、完整、全面地录入相关文字材料； 能通过听音辨字准确记录语音；能正确使用汉字，错别字少； 能正确使用标点符号与各类序号；排版能做到段落层次合理、美观； 能具备遵纪守法、保守秘密、实事求是、讲求实效、忠于职守、谦虚谨慎的职业素养。
		办公自动化	办公硬件的使用与维护	能掌握微型计算机、打印机、复印机、传真机、数码相机、数码摄像机、扫描仪、投影仪、刻录机、碎纸机等常用办公设备操作流程与操作要领； 能完成日常维护和简单故障排除等工作任务。
			办公软件的使用与维护	能掌握计算机主流操作系统操作技能；能掌握OFFICE、WPS 等常用办公软件操作技能；独立完成文本创建、表格制作、演示文稿、网络通讯、病毒防范等相关工作任务； 能创建各种公文模板；能掌握图片加工技能等。
2	岗位核心技能	办公室事务管理	环境管理	办公环境管理操作规范、正确； 便条标题、称谓、正文、习惯用语、落款齐全，排版规范； 表格标题规范，表格内各登记要素齐全。
			时间管理	办公室时间管理操作规范、正确； 便条标题、称谓、正文、习惯用语、落款齐全，排版规范； 表格标题规范，表格内各登记要素齐全。
			电话接打	办公电话接打操作规范、正确； 文本表达通顺、简明扼要、条理清楚，标点符号使用正确，排版规范； 记录单填写信息全面、准确、简要； 表格标题规范，表格内各登记要素齐全。
			接待工作	办公接待工作操作规范、正确； 接待方案结构要素规范、层次条理清楚、语言表达通顺、标点符号使用正确； 接待方案标题、前言、接待规格、接待分工、接待日程安排、经费预算、落款等要素齐全。
			印信管理	印信管理操作规范、正确； 记录单填写信息全面、准确、简要； 介绍信排版格式（标题、称谓、正文排版、习惯用语、落款）规范。
			办公用品管理	了解常用办公用品的种类、名称及易耗品范围； 办公用品采购与发放工作操作规范、正确； 便条标题、称谓、正文、习惯用语、落款齐全，排版规范；

续上表

序号	类型	模块	项目	评价要点
2	岗位核心技能	秘书写作		表格标题规范，表格内各登记要素齐全。
			沟通工作	沟通内容准确、完整、灵活、有效； 文本表达通顺、简明扼要，条理清楚，标点符号使用正确，排版规范。
			协调工作	协调方法准确、灵活、有效； 文本表达通顺、简明扼要、条理清楚，标点符号使用正确，排版规范。
			法定公文拟制	标题要素齐全，正文结构完整，层次条理清楚；内容完备、具体、有可行性； 语言简洁、平实、流畅，能使用习惯性语句；语法修辞正确；标点符号使用规范，无错别字； 根据需要安排必要的版头、主体版记要素，位置安排符合相关技术规范； 大小标题、落款、结构层次标识、正文字体字号、行距字距、行数字数、缩进位置等按规定设置。
			事务文书拟制	标题要素齐全，正文结构完整，层次条理清楚；内容具体、充实，能反映相关工作过程、工作规律，具有可行性、实用性； 语言简洁、平实、流畅，能使用习惯性语句；语法修辞正确，标点符号使用规范，无错别字； 根据需要安排必要的文本要素，位置安排符合相关技术规范； 大小标题、落款、结构层次标识、正文字体字号、行距字距、行数字数、缩进位置等参照国家标准设置，排版美观大方。
		文书与档案	文书处理	能掌握文书处理工作基本原则、文书种类、行文规则、收发文程序，能掌握相关流程操作要领。
			档案管理	能掌握档案管理基本要求，能对文件资料等进行立卷归档，能对档案（包括电子档案）进行分类、检索，能根据档案价值划分保管期限并进行安全保管，体现良好的职业道德与职业行为习惯。
		会议组织与服务	会议筹备	能正确确定会议主题和议题、会议时间、地点、参会人员（含邀请嘉宾）、议程、日程等会议基本要素，能发布会议通知、预算会议经费、制作会议证件和指示标识、布置会场和安排座次，安排会议食宿、车辆，准备会议资料、会议用品，安排会议礼仪服务，检查会议视听设备； 会议筹备方案要素齐全，结构完整，内容具体，语言简洁明晰，排版规范。
			会中服务	能协助领导管理、控制会议进程，运用接待礼仪做好会议接待和会场服务，进行会议记录，联系和接待新闻媒体，印发会议简报，收集与会人员对会议的意见和建议，处理突发事件。 文本表达通顺、简明扼要、条理清楚，标点符号使用正确、排版规范。
			会后工作	能遵循会议善后工作程序与相关要求，安排与会人员返程，清退会议文件资料、整理会场，收集、整理会议文件资料（包括各种声像资料），结算会议经费，收集反馈精神、跟进会议决议落实情况，对会议进行总结、评估； 文本表达通顺、简明扼要、条理清楚，标点符号使用正确，排版规范。

续上表

序号	类型	模块	项目	评价要点
3	跨岗位综合技能	活动策划	仪式庆典	能掌握庆典活动、剪彩仪式、签字仪式策划工作内容、要求和方法；能做好具体的筹备工作实施安排，仪式庆典活动流程设计具有可操作性、实用性；能制订仪式庆典活动工作方案，方案内容科学可行，结构要素完整规范，层次条理清楚，语言表达通顺，标点符号使用正确。
			信息发布	能掌握筹备信息发布会、记者招待会的方法、途径及要求；能掌握信息发布活动的传播模式和工作方法，活动流程设计科学合理；能制订信息发布活动工作方案，方案内容科学可行，结构要素完整规范，层次条理清楚，语言表达通顺，标点符号使用正确。
		辅助决策	项目管理	能通过调研、信息收集处理等方式参与项目管理，掌握项目管理流程（启动、计划、实施、监控、收尾）及要领，能熟练使用项目论证、评估手段，能进行可行性分析并遴选替代性方案；语言表达顺畅，有逻辑性；内容科学可行，条理清晰；语病少，无错别字。
			突发事件处理与危机管理	能利用沟通协调、跟进督办等工作手段参与突发事件处理与危机处理，掌握突发事件处理与危机处理工作程序、基本原则与方法；能制订突发事件处理与危机工作预案；语言表达顺畅、有逻辑性；内容科学可行，条理清晰；语病少，无错别字。

六、考核方式

本专业技能考核均为现场机试，成绩评定采用过程考核与结果考核相结合的方式。具体组考方式如下：

（1）学校参考模块的确定：本考核方案中"专业基本技能""岗位核心技能"的所有模块均为必考模块。"跨岗位综合技能"的2个模块仅作为评价本专业学生较高技能水平时使用。

（2）学生参考模块的确定：参考学生按规定比例随机抽取考核模块。"专业基本技能"与"岗位核心技能"之比为2：8。选考"专业基本技能"的20%的学生再按1：1的比例选考"文字录入"与"办公自动化"2个模块，选考"岗位核心技能"的80%的学生亦按1：1：1：1的比例参考"岗位核心技能"4个模块。各模块考生人数按四舍五入方式计算，剩余的尾数考生均在"岗位核心技能"中随机抽取考核模块。

（3）试题抽取方式：考生在所抽取的模块所对应的试题库中抽取1套试题进行考核。

七、附录

（一）相关法律法规（摘录）

1. 中华人民共和国保守国家秘密法

第四条 保守国家秘密的工作（以下简称保密工作），实行积极防范、突出重点、依法管理的方针，既确保国家秘密安全，又便利信息资源合理利用。

第十条 国家秘密的密级分为绝密、机密、秘密三级。绝密级国家秘密是最重要的国家秘密，泄露会使国家安全和利益遭受特别严重的损害；机密级国家秘密是重要的国家秘密，泄露会使国家安全和利益遭受严重的损害；秘密级国家秘密是一般的国家秘密，泄露会使国家安全和利益遭受损害。

第十五条 国家秘密的保密期限，应当根据事项的性质和特点，按照维护国家安全和利益的需要，限定在必要的期限内；不能确定期限的，应当确定解密的条件。国家秘密的保密期限，除另有规定外，绝密级不超过三十年，机密级不超过二十年，秘密级不超过十年。

第四十九条 机关、单位违反本法规定，发生重大泄密案件的，由有关机关、单位依法对直接负责的主管人员和其他直接责任人员给予处分；不适用处分的人员，由保密行政管理部门督促其主管部门予以处理。

第五十一条 保密行政管理部门的工作人员在履行保密管理职责中滥用职权、玩忽职守、徇私舞弊的，依法给予处分；构成犯罪的，依法追究刑事责任。

2. 中华人民共和国档案法

第二条 本法所称的档案，是指过去和现在的国家机构、社会组织以及个人从事政治、军事、经济、科学、技术、文化、宗教等活动直接形成的对国家和社会有保存价值的各种文字、图表、声像等不同形式的历史记录。

第三条 一切国家机关、武装力量、政党、社会团体、企业事业单位和公民都有保护档案的义务。

第五条 档案工作实行统一领导、分级管理的原则，维护档案完整与安全，便于社会各方面的利用。

第七条 机关、团体、企业事业单位和其他组织的档案机构或者档案工作人员，负责保管本单位的档案，并对所属机构的档案工作实行监督和指导。

第十条 对国家规定的应当立卷归档的材料，必须按照规定，定期向本单位档案机构或者档案工作人员移交，集中管理，任何个人不得据为己有。国家规定不得归档的材料，禁止擅自归档。

第十一条 机关、团体、企业事业单位和其他组织必须按照国家规定，定期向档案馆移交档案。

第十五条 鉴定档案保存价值的原则、保管期限的标准以及销毁档案的程序和办法，由国家档案行政管理部门制定。禁止擅自销毁档案。

第十六条 集体所有的和个人所有的对国家和社会具有保存价值的或者应当保密的档案，档案所有者应当妥善保管。对于保管条件恶劣或者其他原因被认为可能导致档案严重损毁和不安全的，国家档案行政管理部门有权采取代为保管等确保档案完整和安全的措施；必要时，可以收购或者征购。

前款所列档案，档案所有者可以向有关档案馆寄存或者出售，严禁倒卖牟利，严禁私自卖给外国人。

向国家捐赠档案的，档案馆应当给予奖励。

第十九条　国家档案馆保管的档案，一般应当自形成之日起满30年向社会开放。经济、科学、技术、文化等类档案向社会开放的期限，可以少于30年，涉及国家安全或者重大利益以及其他到期不宜开放的档案向社会开放的期限，可以多于30年，具体期限由国家档案行政管理部门制订，报国务院批准施行。

第二十四条　有下列行为之一的，根据情节轻重，给予行政处分；造成损失的，责令赔偿损失；构成犯罪的，依法追究刑事责任：

（一）损毁、丢失或者擅自销毁属于国家所有的档案的；

（二）擅自提供、抄录、公布属于国家所有的档案的；

（三）涂改、伪造档案的；

（四）出卖属于国家所有的档案的；

（五）倒卖档案牟利或者私自将档案卖给外国人的；

（六）携运禁止出境的档案及其复制件出境的；

（七）档案工作人员玩忽职守造成档案损失的。

有上款第（五）项、第（六）项行为的，有关国家行政管理机关可以给予行政处罚。

3. 中华人民共和国档案法实施办法

第六条　机关、团体、企业事业单位和其他组织内的档案机构的主要职责是：

（一）贯彻执行档案工作的法律、法规和方针政策，建立健全各项规章制度；

（二）负责统一管理本单位的档案，并按照规定向有关档案馆移交档案；

（三）对所属单位的档案工作进行监督和指导；

（四）对本单位文书部门和业务部门的文件材料的形成、积累和归档工作进行指导。

第十一条　《档案法》第十条所称应当立卷归档的材料，系指机关、团体、企业事业单位和其他组织、政党以及国家领导人和其他国家工作人员在公务活动中形成的材料。

前款应当立卷归档的材料必须依照《机关档案工作条例》和《科学技术档案工作条例》的规定，由文书部门或者业务部门收集齐全，并进行整理、立卷，定期交本单位档案机构或者档案工作人员集中管理。任何单位或者个人都不得据为己有或者拒绝归档。

第二十九条　工商行政管理机关对倒卖档案牟利或者私自将档案卖给、赠送给外国人的，可以没收其非法所得，处以五百元以上一万元以下罚款，并可以建议直接责任人所在单位对其给予行政处分。

第三十一条　具有《档案法》第二十四条所列行为，情节严重、构成犯罪的，由司法机关依法追究刑事责任。

4. 中华人民共和国合同法

第二条　本法所称合同是平等主体的自然人、法人、其他组织之间设立、变更、终止民事权利义务关系的协议。

第三条　合同当事人的法律地位平等，一方不得将自己的意志强加给另一方。

第四条　当事人依法享有自愿订立合同的权利，任何单位和个人不得非法干预。

第五条　当事人应当遵循公平原则确定各方的权利和义务。

第六条　当事人行使权利、履行义务应当遵循诚实信用原则。

第七条　当事人订立、履行合同，应当遵守法律、行政法规，尊重社会公德，不得扰乱社会经济秩序，损害社会公共利益。

第八条 依法成立的合同，对当事人具有法律约束力。当事人应当按照约定履行自己的义务，不得擅自变更或者解除合同。依法成立的合同，受法律保护。

第十条 当事人订立合同，有书面形式、口头形式和其他形式。法律、行政法规规定采用书面形式的，应当采用书面形式。当事人约定采用书面形式的，应当采用书面形式。第十二条合同的内容由当事人约定，一般包括以下条款：

（1）当事人的名称或者姓名和住所；

（2）标的；

（3）数量；

（4）质量；

（5）价款或者报酬；

（6）履行期限、地点和方式；

（7）违约责任；

（8）解决争议的方法。

（二）相关规范与标准

序号	技术标准或规范	编制单位	颁发时间	备注
1	国家职业标准·秘书（2006年版）	劳动与社会保障部	2006.7	
2	党政机关公文处理工作条例	中办、国办	2012.4	
3	党政机关公文格式（GB/T 9704–2012）	中标委	2012.6	
4	印刷、书写和绘图纸幅面尺寸（GB/T 148–1997）	中标委	1997.12	
5	国际单位制及其应用（GB 3100–93）	中标委	1993	
6	有关量、单位和符号的一般原则（GB 3101–1993）	中标委	1993	
7	量和单位（GB 3102）	中标委	1993	
8	标点符号用法（GB/T 15834–2011）	中标委	2011	
9	出版物上数字用法（GB/T 15835–2011）	中标委	2011	
10	中华人民共和国档案法（2016年修正）	全国人大	2016.11	
11	中华人民共和国档案法实施办法（5号令）	国家档案局	1999.6	
12	机关文件材料归档范围和文书档案保管期限规定（8号令）	国家档案局	2006.12	
13	CAD电子文件光盘存储、归档与档案管理要求	中标委	1999	
14	电子文件归档与管理规范	中标委	2002	
15	照片档案管理规范	国家质检总局	2002	
16	文书档案案卷格式（GB/T 9705–2008）	国家技术监督局	2008.11	

第二部分 文秘专业技能考核题库

　　根据高等职业院校文秘专业学生专业技能考核标准，适应本专业学生专业基本技能的考核要求，编制了文秘专业技能考核题库。本题库建设依据国家秘书资格统一鉴定标准、行业企业秘书绩效考核标准，结合高职院校文秘专业教学实际，分专业基本技能、岗位核心技能、跨岗位综合技能3种能力8个模块组织命题。整个题库共计220套试题。专业基本技能包括文字录入和办公自动化2个模块共50套试题，其中文字录入模块20套，办公自动化模块30套。岗位核心技能包括办公室事务管理、秘书写作、文书与档案、会议组织与服务4个模块共160套试题，其中办公室事务管理40套，秘书写作40套，文书与档案40套，会议组织与服务40套。跨岗位核心技能包括活动策划和辅助决策2个模块共10套试题，其中活动策划6套，辅助决策4套。

一、专业基本技能

模块一　文字录入

1.试题编号：J1-1 文字录入

（1）任务描述

　　恒达集团公司行政助理李光收到行政总监许多发来的备忘录：

备忘录
发给：李光
发自：许多
日期：11月10日
内容：计算机速录现场内容
今天下午三点在办公楼第一会议室观看关于政府工作报告的视频，会议重要，请详细记录相关内容，以便撰写会议纪要指导今后工作。 　　以下是行政经理要求你完成的相关工作任务： 　　根据现场播放的视频资料，现场记录相关内容。

（2）考核时量

30分钟（说明：音频播放时长20分钟，整理10分钟）。

2.试题编号：J1-2 文字录入

（1）任务描述

　　恒达集团公司行政助理李光收到行政总监许多发来的备忘录：

备忘录
发给：李光

发自：许多

日期：11 月 10 日

内容：计算机速录现场内容

今天下午 3：30 在办公楼第一会议室参加无人汽车发展研讨会，会议重要，请详细记录相关内容，以便撰写会议纪要指导今后工作。

以下是行政经理要求你完成的相关工作任务：

根据现场播放的音频或视频资料，现场笔录相关内容。

（2）考核时量

30 分钟（说明：音频播放时长 20 分钟，整理 10 分钟）。

3.试题编号：J1–3 文字录入

（1）任务描述

恒达集团公司行政助理李光收到行政总监许多发来的备忘录：

备忘录

发给：李光

发自：许多

日期：11 月 10 日

内容：计算机速录现场内容

今天下午 4 点在办公楼第一会议室学习经济和社会发展第十三个五年规划纲要的报告，会议重要，请详细记录相关内容，以便撰写会议纪要指导今后工作。

以下是行政经理要求你完成的相关工作任务：

根据现场播放的音频或视频资料，现场笔录相关内容。

（2）考核时量

30 分钟（说明：音频播放时长 20 分钟，整理 10 分钟）。

4.试题编号：J1–4 文字录入

（1）任务描述

恒达集团公司行政助理李光收到行政总监许多发来的备忘录：

备忘录

发给：李光

发自：许多

日期：11 月 10 日

内容：计算机速录现场内容

今天下午 4：30，公司人力资源部门员工与办公室文秘人员参加市政部门组织召开的"职业发展与变迁"大会，会议重要，请详细记录相关内容，以便撰写会议纪要指导今后工作。

以下是行政经理要求你完成的相关工作任务：

根据现场播放的音频或视频资料，现场笔录相关内容。

（2）考核时量

30分钟（说明：音频播放时长20分钟，整理10分钟）。

5.试题编号：J1-5 文字录入

（1）任务描述

恒达集团公司行政助理李光收到行政总监许多发来的备忘录：

<table>
<tr><td colspan="2" align="center">备忘录</td></tr>
<tr><td colspan="2">发给：李光</td></tr>
<tr><td colspan="2">发自：许多</td></tr>
<tr><td colspan="2">日期：11月10日</td></tr>
<tr><td colspan="2">内容：计算机速录现场内容</td></tr>
<tr><td colspan="2">　　明天上午九点请你与张总经理一起参加一个关于职业教育改革的会议，请详细记录相关内容，以便指导今后的工作。
以下是行政经理要求你完成的相关工作任务：
根据现场播放的音频或视频资料，现场笔录全部内容。</td></tr>
</table>

（2）考核时量

30分钟（说明：音频播放时长20分钟，整理10分钟）。

6.试题编号：J1-6 文字录入

（1）任务描述

恒达集团公司行政助理李光收到行政总监许多发来的备忘录：

<table>
<tr><td colspan="2" align="center">备忘录</td></tr>
<tr><td colspan="2">发给：李光</td></tr>
<tr><td colspan="2">发自：许多</td></tr>
<tr><td colspan="2">日期：11月10日</td></tr>
<tr><td colspan="2">内容：计算机速录现场内容</td></tr>
<tr><td colspan="2">　　今天上午十点整在办公大楼二楼会议室召开一个关于秘书工作的会议，内容重要，请详细记录相关内容，以便撰写会议纪要指导今后工作。
以下是行政经理要求你完成的相关工作任务：
根据现场播放的音频或视频资料，现场速录全部内容。</td></tr>
</table>

（2）考核时量

30分钟（说明：音频播放时长20分钟，整理10分钟）。

7.试题编号：J1-7 文字录入

（1）任务描述

恒达集团公司行政助理李光收到行政总监许多发来的备忘录：

备忘录
发给：李光
发自：许多
日期：11 月 10 日
内容：计算机速录现场内容
明天上午八点钟你与赵总经理一起参加市里组织的一个关于经济金融改革的会议，会议内容重要，请全程记录相关内容，以便日后及时传达贯彻之用。
以下是行政经理要求你完成的相关工作任务：
根据现场播放的音频或视频资料，现场速录全部内容。

（2）考核时量

30 分钟（说明：音频播放时长 20 分钟，整理 10 分钟）。

8.试题编号：J1-8 文字录入

（1）任务描述

恒达集团公司行政助理李光收到行政总监许多发来的备忘录：

备忘录
发给：李光
发自：许多
日期：11 月 10 日
内容：计算机速录现场内容
明天上午九点在办公楼一楼会议大厅召开关于秘书情感品质的会议，会议内容重要，请全程记录相关内容，以便指导今后工作。
以下是行政经理要求你完成的相关工作任务：
根据现场播放的音频或视频资料，现场速录全部内容。

（2）考核时量

30 分钟（说明：音频播放时长 20 分钟，整理 10 分钟）。

9.试题编号：J1-9 文字录入

（1）任务描述

恒达集团公司行政助理李光收到行政总监许多发来的备忘录：

备忘录
发给：李光
发自：许多
日期：11 月 10 日
内容：计算机速录现场内容
后天上午九点请你跟张总经理一起参加市里组织召开的关于政府工作报告的电视会

议，会议内容非常重要，请你全程记录相关内容，以便传达会议详细内容指导今后工作。

以下是行政经理要求你完成的相关工作任务：

根据现场播放的音频或视频资料，现场速录全部内容。

（2）考核时量

30分钟（说明：音频播放时长20分钟，整理10分钟）。

10.试题编号：J1-10 文字录入

（1）任务描述

恒达集团公司行政助理李光收到行政总监许多发来的备忘录：

备忘录
发给：李光 发自：许多 日期：11月10日 内容：计算机速录现场内容 　　明天上午十点整在办公大楼二楼会议室参加电视会议观看关于湖南省政府工作报告的视频，会议重要，请详细记录相关内容，以便撰写会议纪要指导今后工作。 　　以下是行政经理要求你完成的相关工作任务： 　　根据现场播放的视频资料，现场速录全部内容。

（2）考核时量

30分钟（说明：音频播放时长20分钟，整理10分钟）。

11.试题编号：J1-11 文字录入

（1）任务描述

恒达集团公司行政助理李光收到行政总监许多发来的备忘录：

备忘录
发给：李光 发自：许多 日期：11月10日 内容：计算机速录现场内容 　　明天下午三点在办公大楼一楼会议室召开秘书工作系列会议1，会议内容重要，请全程记录相关内容，以便指导今后工作。 　　以下是行政经理要求你完成的相关工作任务： 　　根据现场播放的音频或视频资料，现场速录全部内容。

（2）考核时量

30分钟（说明：音频播放时长20分钟，整理10分钟）。

12.试题编号：J1-12 文字录入

（1）任务描述

恒达集团公司行政助理李光收到行政总监许多发来的备忘录：

备忘录
发给：李光
发自：许多
日期：11 月 10 日
内容：计算机速录现场内容
明天上午十点在办公大楼二楼会议室召开秘书工作系列会议 2，会议内容重要，请全程记录相关内容，以便指导今后工作。
以下是行政经理要求你完成的相关工作任务：
根据现场播放的音频或视频资料，现场速录全部内容。

（2）考核时量

30 分钟（说明：音频播放时长 20 分钟，整理 10 分钟）。

13.试题编号：J1-13 文字录入

（1）任务描述

恒达集团公司行政助理李光收到行政总监许多发来的备忘录：

备忘录
发给：李光
发自：许多
日期：11 月 10 日
内容：计算机速录现场内容
明天下午 2:30 在办公大楼二楼会议室召开秘书工作系列会议 3，会议内容重要，请全程记录相关内容，以便指导今后工作。
以下是行政经理要求你完成的相关工作任务：
根据现场播放的音频或视频资料，现场速录全部内容。

（2）考核时量

30 分钟（说明：音频播放时长 20 分钟，整理 10 分钟）。

14.试题编号：J1-14 文字录入

（1）任务描述

恒达集团公司行政助理李光收到行政总监许多发来的备忘录：

备忘录
发给：李光
发自：许多
日期：11 月 10 日

内容：计算机速录现场内容

明天上午十点整在办公大楼二楼会议室参加关于"北京再迎盛大主场外交市委书记蔡奇发出动员令"的电视会议，会议重要，请详细记录相关内容，以便撰写会议纪要指导今后工作。

以下是行政经理要求你完成的相关工作任务：

根据现场播放的音频或视频资料，现场速录全部内容。

（2）考核时量

30分钟（说明：音频播放时长20分钟，整理10分钟）。

15.试题编号：J1-15 文字录入

（1）任务描述

恒达集团公司行政助理李光收到行政总监许多发来的备忘录：

备忘录

发给：李光

发自：许多

日期：11月10日

内容：计算机速录现场内容

明天上午十点整在办公大楼二楼会议室参加电视会议观看并听取"习主席在中央军委党的建设会议上的重要讲话"，会议重要，请详细记录相关内容，以便撰写会议纪要指导今后工作。

以下是行政经理要求你完成的相关工作任务：

根据现场播放的音频或视频资料，现场速录全部内容。

（2）考核时量

30分钟（说明：音频播放时长20分钟，整理10分钟）。

16.试题编号：J1-16 文字录入

（1）任务描述

恒达集团公司行政助理李光收到行政总监许多发来的备忘录：

备忘录

发给：李光

发自：许多

日期：11月10日

内容：计算机速录现场内容

明天下午三点整在办公大楼二楼会议室召开关于"坚定走中国特色社会主义社会治理之路1"的会议，会议重要，请详细记录相关内容，以便撰写会议纪要指导今后工作。

以下是行政经理要求你完成的相关工作任务：

根据现场播放的音频或视频资料，现场速录全部内容。

（2）考核时量

30 分钟（说明：音频播放时长 20 分钟，整理 10 分钟）。

17.试题编号：J1-17 文字录入

（1）任务描述

恒达集团公司行政助理李光收到行政总监许多发来的备忘录：

备忘录
发给：李光 发自：许多 日期：11 月 10 日 内容：计算机速录现场内容 　　明天上午 8:30 在办公大楼二楼会议室召开关于"坚定走中国特色社会主义社会治理之路 2"的会议，会议重要，请详细记录相关内容，以便撰写会议纪要指导今后工作。 　　以下是行政经理要求你完成的相关工作任务： 　　根据现场播放的音频或视频资料，现场速录全部内容。

（2）考核时量

30 分钟（说明：音频播放时长 20 分钟，整理 10 分钟）。

18.试题编号：J1-18 文字录入

（1）任务描述

恒达集团公司行政助理李光收到行政总监许多发来的备忘录：

备忘录
发给：李光 发自：许多 日期：11 月 10 日 内容：计算机速录现场内容 　　明天上午 10:00 在办公大楼二楼会议室召开关于"坚定走中国特色社会主义社会治理之路 3"的会议，会议重要，请详细记录相关内容，以便撰写会议纪要指导今后工作。 　　以下是行政经理要求你完成的相关工作任务： 　　根据现场播放的音频或视频资料，现场速录全部内容。

（2）考核时量

30 分钟（说明：音频播放时长 20 分钟，整理 10 分钟）。

19.试题编号：J1-19 文字录入

（1）任务描述

恒达集团公司行政助理李光收到行政总监许多发来的备忘录：

备忘录
发给：李光
发自：许多
日期：11 月 10 日
内容：计算机速录现场内容

明天下午 3:30 在办公大楼二楼会议室召开关于"坚定走中国特色社会主义社会治理之路 4"的会议，会议重要，请详细记录相关内容，以便撰写会议纪要指导今后工作。
    以下是行政经理要求你完成的相关工作任务：
    根据现场播放的音频或视频资料，现场速录全部内容。

（2）考核时量

30 分钟（说明：音频播放时长 20 分钟，整理 10 分钟）。

20.试题编号：J1–20 文字录入

（1）任务描述

恒达集团公司行政助理李光收到行政总监许多发来的备忘录：

备忘录
发给：李光
发自：许多
日期：11 月 10 日
内容：计算机速录现场内容

明天上午十点整在办公大楼二楼会议室召开关于"为新时代新变革凝魂聚力——党的十九大以来宣传思想文化工作述评"报告，会议重要，请详细记录相关内容，以便撰写会议纪要指导今后工作。
    以下是行政经理要求你完成的相关工作任务：
    根据现场播放的音频或视频资料，现场速录全部内容。

（2）考核时量

30 分钟（说明：音频播放时长 20 分钟，整理 10 分钟）。

模块二　办公自动化

1.试题编号：J2–1 办公设备操作

（1）任务描述

恒达集团公司行政助理李光收到行政总监许多发来的备忘录：

备忘录
发给：李光
发自：许多
日期：11 月 10 日

内容：列出台式电脑装机硬件清单

公司新调来一位纪委书记。按照公司有关规章制度，除应为他配备一台品牌笔记本电脑外，还需配备一台 5000 元左右的台式电脑。请你列出这台组装电脑的相关硬件清单，制成表格交给我。

（2）考核时量

30 分钟

2.试题编号：J2-2 办公设备操作

（1）任务描述

恒达集团公司行政助理李光收到行政总监许多发来的备忘录：

备忘录

发给：李光

发自：许多

日期：11 月 10 日

内容：列出台式电脑重要硬件清单并说明市场行情

按照公司有关规章制度，应为新上任的团委书记配备一台 5000 元左右的台式电脑。领导决定不购买品牌整机，请以表格形式说明配置台式电脑时，需要资金较多、需要重点考虑的主要是哪几种硬件，并说明这些硬件的市场行情。

（2）考核时量

30 分钟

3.试题编号：J2-3 办公设备操作

（1）任务描述

恒达集团公司行政助理李光收到行政总监许多发来的备忘录：

备忘录

发给：李光

发自：许多

日期：11 月 10 日

内容：制作一份介绍电脑主机系统日常维护内容的表格

在下周即将举办的集团公司中层管理干部培训班上，王副总经理将以电脑主机系统日常维护方法为主题作发言。请将相关内容整理一下以表格形式交他过目，内容尽量具体一点。

（2）考核时量

30 分钟

4.试题编号：J2-4 办公设备操作

（1）任务描述

恒达集团公司行政助理李光收到行政总监许多发来的备忘录：

备忘录

发给：李光

发自：许多

日期：11月10日

内容：说明电脑硬盘使用与维护注意事项

硬盘是电脑的重要组成部分，我想了解一下，在日常使用过程中，电脑硬盘使用与维护的注意事项有哪些。请整理后发到我的电子邮箱（邮箱地址：123456@123.com）。谢谢！

（2）考核时量

30分钟

5.试题编号：J2-5 办公设备操作

（1）任务描述

恒达集团公司行政助理李光收到行政总监许多发来的备忘录：

备忘录

发给：李光

发自：许多

日期：11月10日

内容：详细说明计算机开机、关机操作流程

开、关计算机应该遵守正确的操作流程，我想了解一下计算机规范的开机、关机操作流程是什么。请整理后发到我的电子邮箱（邮箱地址：123456@123.com）。谢谢！

（2）考核时量

30分钟

6.试题编号：J2-6 办公设备操作

（1）任务描述

恒达集团公司行政助理李光收到行政总监许多发来的备忘录：

备忘录

发给：李光

发自：许多

日期：11月10日

内容：说明计算机硬件积尘过多的危害以及常规清理的注意事项

总经理发现部分办公室中，计算机显示器、主机上积满了灰尘。他要求我们指导各职能部门对办公室计算机进行常规清理。我想了解一下计算机积尘过多的具体危害是什么，常规清理过程中应该注意哪些事项。请给我发一封相关电子邮件（邮箱地址：123456@123.com）。谢谢！

（2）考核时量

30分钟

7.试题编号：J2-7 办公设备操作

（1）任务描述

恒达集团公司行政助理李光收到行政总监许多发来的备忘录：

备忘录
发给：李光
发自：许多
日期：11 月 10 日
内容：列出办公室常用办公设备清单（不少于 6 种）
办公室现有办公硬件全部购置于 2006 年。按照公司固定资产管理办法，上半年应全部进行报废处理。在走报废流程之前，请以表格形式列出办公室需要重新添置的现代办公设备清单（不少于 6 种），并说明这些设备的首选品牌、市场价格等。

（2）考核时量

30 分钟

8.试题编号：J2-8 办公设备操作

（1）任务描述

恒达集团公司行政助理李光收到行政总监许多发来的备忘录：

备忘录
发给：李光
发自：许多
日期：11 月 10 日
内容：说明移动硬盘购买与使用的注意事项
为保障公司数据安全，按照公司固定资产管理办法，上半年拟购买一批移动硬盘。我想了解一下移动硬盘购买与使用注意事项，请整理后发到我的电子邮箱（邮箱地址：123456@123.com）。谢谢！

（2）考核时量

30 分钟

9.试题编号：J2-9 办公设备操作

（1）任务描述

恒达集团公司行政助理李光收到行政总监许多发来的备忘录：

备忘录
发给：李光
发自：许多
日期：11 月 10 日
内容：提供移动硬盘购买建议

上半年，公司拟购买 20 个移动硬盘分发给各职能部门行政助理。财务总监建议单价不要超过 400 元，我想了解一下在这一价格区间可以购买多大容量的移动硬盘，有哪些主流品牌可以选择，请简单介绍一下这些品牌的特点，并提供你的个人建议。请整理后发到我的电子邮箱（邮箱地址：123456@123.com）。谢谢！

（2）考核时量

30 分钟

10.试题编号：J2-10 办公设备操作

（1）任务描述

恒达集团公司行政助理李光收到行政总监许多发来的备忘录：

备忘录
发给：李光
发自：许多
日期：11 月 10 日
内容：列出公司周年庆典拍摄计划
公司即将召开成立 10 周年庆典大会，会议拍摄工作由你承担。你打算拍摄哪些照片？构图方面有何设想？请以表格形式列出交给我。

（2）考核时量

30 分钟

11.试题编号：J2-11 办公设备操作

（1）任务描述

恒达集团公司行政助理李光收到行政总监许多发来的备忘录：

备忘录
发给：李光
发自：许多
日期：11 月 10 日
内容：列出公司周年庆典纪念视频短片拍摄计划
公司即将召开成立 10 周年庆典大会，经理办公会要求将庆典现场拍摄录像保存。录像拍摄工作由你承担。你打算拍摄哪些镜头？请以表格形式列出分镜头脚本交给我。

（2）考核时量

30 分钟

12.试题编号：J2-12 办公设备操作

（1）任务描述

恒达集团公司行政助理李光收到行政总监许多发来的备忘录：

备忘录

发给：李光

发自：许多

日期：11 月 10 日

内容：说明打印机主要种类、品牌，并提供购买建议

　　为改善办公条件，提高工作效率，上半年，公司拟购买 10 台打印机分发给各职能部门。我想了解一下打印机有哪些种类，有哪些主流品牌。鉴于我们主要用于打印文档，财务总监要求每台单价不要超过 1200 元。你建议购买哪种打印机？请整理后发到我的电子邮箱（邮箱地址：123456@123.com）。谢谢！

　　（2）考核时量

30 分钟

13.试题编号：J2-13 办公设备操作

　　（1）任务描述

恒达集团公司行政助理李光收到行政总监许多发来的备忘录：

备忘录

发给：李光

发自：许多

日期：11 月 10 日

内容：说明激光打印机卡纸原因与处理流程

　　上半年，我们购买的 10 台激光打印机已经分发到各部门办公室。有部门反映打印机经常出现卡纸现象，他们不敢处理，怕损坏打印机。请你整理一份文案，说明激光打印机为什么会卡纸，出现卡纸问题后怎么处理。用电子邮件的形式发给我（邮箱地址：123456@123.com）。谢谢！

　　（2）考核时量

30 分钟

14.试题编号：J2-14 办公设备操作

　　（1）任务描述

恒达集团公司行政助理李光收到行政总监许多发来的备忘录：

备忘录

发给：李光

发自：许多

日期：11 月 10 日

内容：说明手动发送传真的工作流程

　　办公室新来的小张不会使用传真机发送传真。我想请你整理一份文案，说明手动发送传真的工作流程。用电子邮件添加附件的形式发给他（邮箱地址：123456@123.com）。谢谢！

（2）考核时量

30 分钟

15.试题编号：J2-15 办公设备操作

（1）任务描述

恒达集团公司行政助理李光收到行政总监许多发来的备忘录：

备忘录
发给：李光
发自：许多
日期：11 月 10 日
内容：说明接收传真的工作流程
办公室新来的小张不会接收传真。我想请你整理一份文案，说明接收传真的工作流程。用电子邮件添加附件的形式发给他（邮箱地址： 123456@123.com）。谢谢！

（2）考核时量

30 分钟

16.试题编号：J2-16 办公设备操作

（1）任务描述

恒达集团公司行政助理李光收到行政总监许多发来的备忘录：

备忘录
发给：李光
发自：许多
日期：11 月 10 日
内容：说明 A3 文件缩小复印成 A4 文件的工作流程
董事长拟申报省级五一劳动奖章，他以前获得的荣誉证书大小不一，有的证书大，是A3纸张。为便于整理申报材料，复印时需要将过大的荣誉证书缩小70%左右——正好是A4左右大小。我想请你整理一份文案，说明缩小复印的工作流程。用电子邮件添加附件的形式发给我（邮箱地址：123456@123.com）。谢谢！

（2）考核时量

30 分钟

17.试题编号：J2-17 办公设备操作

（1）任务描述

恒达集团公司行政助理李光收到行政总监许多发来的备忘录：

备忘录
发给：李光

发自：许多

日期：11 月 10 日

内容：说明资料复印的工作流程

　　最近，公司需要整理一批文档资料。这批资料中，既有破损现象，也存在纸张大小、厚度各不一样的问题，装订方式更是五花八门。我想请你整理一份文案，说明复印这些资料的操作要领与注意事项。用电子邮件添加附件的形式发给我（邮箱地址：123456@123.com）。谢谢！

　　（2）考核时量

30 分钟

18.试题编号：J2-18 办公设备操作

　　（1）任务描述

恒达集团公司行政助理李光收到行政总监许多发来的备忘录：

备忘录

发给：李光

发自：许多

日期：11 月 10 日

内容：说明数码单反相机保养的注意事项

　　最近办公室购买了一台数码单反相机，为了让大家掌握基本操作要领，我想请你根据这台相机的使用说明书整理一份数码单反相机保养注意事项的文案，发给大家学习。先用电子邮件添加附件的形式发给我审核一下（邮箱地址：123456@123.com）。谢谢！

　　（2）考核时量

30 分钟

19.试题编号：J2-19 办公设备操作

　　（1）任务描述

恒达集团公司行政助理李光收到行政总监许多发来的备忘录：

备忘录

发给：李光

发自：许多

日期：11 月 10 日

内容：说明数码摄像机保养的注意事项

　　最近，办公室购买了一台数码摄像机。我想请你整理一份文案，说明数码摄像机保养注意事项。用电子邮件添加附件的形式发给我（邮箱地址：123456@123.com）。谢谢！

　　（2）考核时量

30 分钟

20.试题编号：J2-20 办公设备操作

（1）任务描述

恒达集团公司行政助理李光收到行政总监许多发来的备忘录：

备忘录
发给：李光
发自：许多
日期：11 月 10 日
内容：说明扫描仪操作流程
为尽快将大家手头的纸质文档转化成电子档案，公司特地购置了一批扫描仪发至各部门。下一步，将举办一个相关培训讲座，请你帮我收集一下有关扫描仪操作流程的资料，用电子邮件的形式发给我（邮箱地址：123456@123.com）。谢谢！

（2）考核时量

30 分钟

21.试题编号：J2-21 办公设备操作

（1）任务描述

恒达集团公司行政助理李光收到行政总监许多发来的备忘录：

备忘录
发给：李光
发自：许多
日期：11 月 10 日
内容：说明碎纸机操作流程与注意事项
最近，小张已将应该整理归档的文件资料清理完毕。为了保证公司信息安全，他需要将不归档的文件粉碎。请你介绍一下碎纸机规范的操作流程以及相关注意事项，用电子邮件的形式发给他（邮箱地址：123456@123.com）。谢谢！

（2）考核时量

30 分钟

22.试题编号：J2-22 办公设备操作

（1）任务描述

恒达集团公司行政助理李光收到行政总监许多发来的备忘录：

备忘录
发给：李光
发自：许多
日期：11 月 10 日
内容：说明光盘刻录机操作流程
为了维护公司信息安全，需将上一年度归档的全部电子档案刻录成数据光盘备份。请你介绍一下相关工作流程，用电子邮件形式发给我（邮箱地址：123456@123.com）。谢谢！

（2）考核时量

30分钟

23.试题编号：J2-23 办公设备操作

（1）任务描述

恒达集团公司行政助理李光收到行政总监许多发来的备忘录：

备忘录
发给：李光
发自：许多
日期：11月10日
内容：绘制复印机操作流程图
配合公司办公环境 5S 管理的需要，拟将复印机的一般操作步骤制作成看板，悬挂于复印机上方。请你用尽可能简洁的文字归纳复印机的操作流程并绘制流程图，用电子邮件添加附件的形式发给我（邮箱地址：123456@123.com）。谢谢！

（2）考核时量

30分钟

24.试题编号：J2-24 办公设备操作

（1）任务描述

恒达集团公司行政助理李光收到行政总监许多发来的备忘录：

备忘录
发给：李光
发自：许多
日期：11月10日
内容：说明投影仪操作步骤
在公司年终总结工作会上，各部门负责人将使用桌面便携式投影仪配合汇报工作。请整理一份资料，向大家说明投影仪的操作步骤，用电子邮件添加附件的形式发给我（邮箱地址：123456@123.com）。谢谢！

（2）考核时量

30分钟

25.试题编号：J-2-25 办公软件使用

（1）任务描述

恒达集团公司行政助理李光收到行政总监许多发来的备忘录：

备忘录
发给：李光

发自：许多

日期：11 月 10 日

内容：用 Excel 制作产品目录及价格表

请使用 Excel 制作下列产品目录及价格表（部分），录入表中的所有数据，使用自动套用格式工具设计如下格式，计算出厂价的平均值，再将零售价按降序排列。

	A	B	C	D	E	F	G	H	I
1	产品目录及价格表								
2	公司名称：				电话：				
3	公司地址：				邮编：				
4	序号	产品编号	产品名称	型号	单位	产品简介	出厂价	零售价	备注
5	0001	Z44022406	内存条	金邦	根	512M，533HZ	240	280	
6	0002	Z44023530	硬盘	希捷	块	160G，7200转	510	540	
7	0003	Z45020532	显卡	昂达	块	256M显存	120	150	
8	0004	Z51020616	主板	华硕	块	支持P4	780	900	
9	0005	Z44020652	声卡	创新	块	7.1声道	100	120	
10	0006	Z44020683	光驱	LG	块	DVD刻录	230	270	
11									

H ◄ ► H \ Sheet1 \ Sheet2 / Sheet3 /

（2）考核时量

30 分钟

26.试题编号：J2-26 办公软件使用

（1）任务描述

恒达集团公司行政助理李光收到行政总监许多发来的备忘录：

备忘录

发给：李光

发自：许多

日期：11 月 10 日

内容：根据材料制作一份 PPT 演示文稿

下周，公司将对各部门行政助理进行企业管理专题培训，培训内容如下：

一、文化篇

企业宗旨：为顾客创造价值，为企业创造利益，为员工创造财富，为社会创造繁荣。

二、制度篇

1.人事管理制度

2.工资管理制度

3.奖惩制度

4.考勤制度

5.财务报销制度

6.文书档案管理制度

7.工伤事故处理制度

三、职责篇

1.行政助理工作职责

2.综合部经理（办公室主任）工作职责

3.会计工作职责

请按以上内容提纲制作培训讲义。具体要求如下：

将标题页幻灯片切换效果设计为阶梯状向左下展开，速度为慢速，切换方式为单击鼠标。

正文第一张文化篇幻灯片的动画效果为从下部缓慢移入。

正文第二张制度篇的内容中插入组织结构图设计。

正文第三张行政助理工作职责、综合部经理（办公室主任）的工作职责超链接到考试答卷文档。

（2）考核时量

30分钟

27.试题编号：J2-27 办公软件使用

（1）任务描述

恒达集团公司行政助理李光收到行政总监许多发来的备忘录：

备忘录
发给：李光 发自：许多 日期：11月10日 内容：说明计算机软件类型与办公软件名称 　公司新采购的电脑即将到货，我想了解一下计算机软件有哪些类型，这批计算机应该配置哪些常用办公软件。请整理后发到我的电子邮箱（邮箱地址：123456@123.com）。谢谢！

（2）考核时量

30分钟

28.试题编号：J2-28 办公软件使用

（1）任务描述

恒达集团公司行政助理李光收到行政总监许多发来的备忘录：

备忘录
发给：李光 发自：许多 日期：11月10日 内容：说明计算机病毒的基本特征与防范注意事项 　总经理办公室新来的实习生李童童，使用U盘将一份文件拷贝到总经理使用的计算机

上时，导致总经理电脑中毒瘫痪。为了吸取教训，总经理要求我们对各部门新入职员工进行相关培训。我想了解一下计算机病毒的基本特征与防范注意事项。请整理后发到我的电子邮箱（邮箱地址：123456@123.com）。谢谢！

（2）考核时量

30分钟

29.试题编号：J2-29办公软件使用

（1）任务描述

恒达集团公司行政助理李光收到行政总监许多发来的备忘录：

备忘录

发给：李光

发自：许多

日期：11月10日

内容：说明电子相册制作流程

最近，董事长将赴京参加同学聚会，拍了一批照片回来，想要我们指导他制作一个电子相册。请你给他介绍一下电子相册制作流程，用电子邮件的形式发给他（邮箱地址：123456@123.com）。谢谢！

（2）考核时量

30分钟

30.试题编号：J2-30办公软件使用

（1）任务描述

恒达集团公司行政助理李光收到行政总监许多发来的备忘录：

备忘录

发给：李光

发自：许多

日期：11月10日

内容：说明企业电子内刊制作流程

最近公司发生了不少大事：董事局改组、经营方式转变、新常态下新挑战不断增加。董事长要求我们编发一期企业内部刊物。请你介绍一下企业电子内刊制作流程，用电子邮件的形式发给我（邮箱地址：123456@123.com）。谢谢！

（2）考核时量

30分钟

二、岗位核心技能

模块一　办公室事务管理

1.试题编号：H1-1 环境管理

（1）任务描述

你是恒达公司行政部经理助理孙梅，下面是行政经理发来的工作备忘录：

备忘录

发给：孙梅——行政助理

发自：李林——行政经理

日期：5月28日

内容：公司办公环境规范管理检查工作的落实

　　为进一步贯彻落实总公司关于办公规范管理工作专题会议精神，规范办公室工作秩序，树立良好的办公形象，推进相关管理制度的实施，公司办公会议研究决定，6月份，公司将在内部开展"办公规范管理"专项检查工作。

　　此次检查工作涉及部门多，检查的范围广，公司行政部应起到组织、宣传的作用，前期做好广泛调研，了解公司各部门在办公规范管理上存在的问题，引导员工认识检查工作的重要意义，督促各部门做好前期的整改工作，使此次检查行动落到实处。

　　①请对上司的工作环境进行整理，请列出整理工作的相关内容，以便条的形式进行答复。

　　②办公环境中常见的健康和安全的隐患主要有哪些，安全检查的工作程序是怎样的，以便条的形式进行答复。

（2）考核时量

30分钟

2.试题编号：H1-2 环境管理

（1）任务描述

你是恒达公司行政部经理助理孙梅，下面是行政经理发来的工作备忘录：

备忘录

发给：孙梅——行政助理

发自：李林——行政经理

日期：3月28日

内容：办公空间的布局设计

　　恒达商业贸易公司这几年发展势头良好，业务量扩大，公司原来的旧办公大楼已不能满足公司发展的需要。公司研究决定租用繁华市中心某写字楼一层的大厅作为新的办公场所，近期准备乔迁新址。

　　在刚刚结束的公司办公例会上，肖力民总经理介绍了他对于公司新办公环境的设计构想，他希望将整个一层大厅全部设计为当今很流行的全开放式或半开放式办公空间，大厅大门左边用做产品展厅，大门右边作为公司办公区，包括正副经理办公区、接待区、销售

部、财务部。办公例会上肖总要求各部门负责人及时申报各部门必须添置的办公设备，并要求公司行政部做好前期调查，拿出公司新办公环境的设计、布置方案，以便下次办公会议上进行专题讨论。

①请列出办公空间开放式设计的优缺点，以便条的形式答复。

②对公共区域的工作环境进行整理，请列出整理工作的相关内容，以便条的形式答复。

（2）考核时量

30分钟

3.试题编号：H1-3 环境管理

（1）任务描述

你是恒达公司行政部经理助理孙梅，下面是行政经理发来的工作备忘录：

备忘录
发给：孙梅——行政助理 发自：李林——行政经理 日期：5月20日 内容：办公环境规范管理检查工作的落实 　　为规范办公室工作秩序，树立良好的办公形象，推进相关管理制度的实施，公司办公会议研究决定，6月份，公司将在单位开展"办公规范管理检查工作"的活动。此次检查工作涉及部门多，检查的范围广，公司行政部应起到组织、宣传的作用，引导员工认识检查工作的重要意义，督促各部门做好前期的整改工作，使此次检查行动落到实处。 　　①对秘书个人的工作环境进行整理，请列出整理工作的相关内容，以便条的形式进行答复。 　　②办公环境中常见的健康和安全的隐患主要有哪些，安全检查的工作程序是怎样的，以便条的形式进行答复。

（2）考核时量

30分钟

4.试题编号：H1-4 环境管理

（1）任务描述

你是恒达公司行政部经理助理孙梅，下面是行政经理发来的工作备忘录：

备忘录
发给：孙梅——行政助理 发自：李林——行政经理 日期：5月8日 内容：办公室进行扩建和改造事宜 　　我公司的办公室自建成至今已有25年了，这期间虽然经两次大规模的扩建，但仍无法满足我公司日益发展之需要。鉴于目前办公室面积过小、设备陈旧的现状，为了适应我公

同的快速发展，需立即对办公室进行扩建和改造。

①办公室扩建改造工程完成后，需对办公室进行重新布置，请从方便实用、整齐有序、安静舒适的要求出发，举例说明如何布置办公室，以便条的形式进行答复。

②鉴于目前办公室空间面积过小，扩建后的新办公室空间是开放式设计，请列出办公空间开放式设计的优缺点，以便条的形式进行答复。

（2）考核时量

30 分钟

5.试题编号：H1-5 环境管理

（1）任务描述

你是恒达公司行政部经理助理孙梅，下面是行政经理发来的工作备忘录：

备忘录

发给：孙梅——行政助理

发自：李林——行政经理

日期：5 月 18 日

内容：办公环境安全大检查

为了营造安全、舒适、美观、和谐的工作环境，杜绝安全隐患，保护员工的身心健康，6 月 3 日将在公司开展办公环境安全大检查。检查范围包括办公区建筑地面、墙面、门窗；办公室光线、温度、噪声与通风；办公家具、办公设备以及办公用品；办公区以及办公室的消防设施、设备以及报警装置；办公室内符合组织目标的装饰、标志，饮水机以及绿色植物等。

此外，销售部多次在接待区通往门口的走道上堆放很多空纸箱，检查人员此次需重点检查，要和销售部进行有效沟通并妥善解决，确保接待区到门口的过道畅通。

行政人员在公司办公环境安全检查中发现工作场所存在设备故障或者安全隐患，要填写好《设备故障记录表》和《安全隐患记录表》，并在职权范围内及时排除隐患。检查完毕后，需要将检查结果记录，整理相关信息，对办公环境管理进行改进。

①为杜绝办公环境的安全隐患，应该要随时进行安全检查，针对公司销售部在办公通道违规堆放空纸箱，请拟制一份《安全隐患记录表》并填妥相关的检查信息。

②为迎接公司开展的办公环境安全大检查，需对办公室进行重新布置，请从健康卫生、安全保密、美观和谐的要求出发，举例说明如何布置办公室，以便条形式进行答复。

（2）考核时量

30 分钟

6.试题编号：H1-6 环境管理

（1）任务描述

你是恒达公司行政部经理助理孙梅，下面是行政经理发来的工作备忘录：

备忘录

发给：孙梅——行政助理

发自：李林——行政经理

日期：5月28日

内容：数字化办公室的组建

为了实现公司办公的高效率、高质量，实现办公信息处理的大容量与高速度，公司决定引进智能化信息设备，同时对办公室进行改扩建，以适应公司办公信息处理的要求，实现办公环境网络化、办公操作无纸化、办公业务集成化。本月公司已购置新的复印机、打印机、刻录机、多功能一体机等设备和ERP管理软件，现正着手构筑单位内部 Intranet 网络平台，真正实现群体办公自动化。

①对办公室进行改扩建，由原来的封闭式设计改为开放式设计，请说明办公空间封闭式设计的优缺点，以便条的形式进行答复。

②办公环境的网络化对办公室环境管理提出了更高要求。行政部的复印机在使用时经常卡纸，且复印出来的文本图像不清晰，请拟制《设备故障记录表》，并填写相关信息。

（2）考核时量

30分钟

7.试题编号：H1-7 时间管理

（1）任务描述

你是恒达公司行政部经理助理孙梅，下面是行政经理发来的工作备忘录：

备忘录

发给：孙梅——行政助理

发自：李林——行政经理

日期：3月4日

内容：办公室时间管理

本周公司的工作任务十分繁杂，公司行政部要认真做好上级领导的时间管理，在拟定领导工作时间表时应紧紧围绕集团公司的季度工作目标，科学规划，统筹安排，多与相关部门沟通协调，力保工作时间表的拟制重效率、不撞车、可操作。

3月份第2周（3月7日至11日）公司总经理肖强的工作内容是：

主持公司部门经理例行的碰头会；出席销售部的季度工作动员会；迎接周三上午市工商局、环保局的工作检查；组织各部门负责人学习新的《企业法》；参加与新世纪公司的商务谈判；参加公司女员工的"三八"节纪念活动（庆祝晚宴）；去两个不同省份的分公司进行基层调查（行政助理随行），参加其中某分公司举行的客户联谊会；主持召开上一年度集团公司工作总结大会。

①请为公司肖强总经理拟定一份3月份第2周（3月7日至11日）的工作时间表。

②时间管理的工具有哪些，如何做好工作时间表的控制管理，以便条的形式答复。

（2）考核时量

30分钟

8.试题编号：H1-8 时间管理

（1）任务描述

你是恒达公司行政部经理助理孙梅，下面是行政经理发来的工作备忘录：

备忘录

发给：孙梅——行政助理

发自：李林——行政经理

日期：7月14日

内容：办公室时间管理

下面是公司总经理肖强和他的助理王刚在7月15日这一天的活动安排：

上午10：30肖总在办公室与副总刘明辉一起听取市场部经理汇报本市高端品牌手机市场调查筹备工作情况；王助理安排时间去银行取现金；12：30肖总与营销部员工吃饭，了解新员工适应新工作的情况；安排本市《某某日报》的记者下午 3：00见肖总；在该天某一适当时间，必须空出半个小时的时间以便安排肖总与王助理商谈下一次营销工作会议的日程安排，但不能占用上午9：00～10：00的时间，因为肖总想在这段时间里处理他的信件以及在网上浏览国内外重大经济新闻；肖总和夫人晚上7：30出发去正清大酒店，出席晚上 8：00的俱乐部聚餐会；王助理晚上7：00参加市场部的手机市场调研工作方案讨论会。

①请把7月15日的活动安排有关内容分别填写在肖强总经理和他的助理王刚的工作日志上。

②时间管理的工具有哪些，如何做好工作时间表的控制管理，以便条的形式答复。

（2）考核时量

30分钟

9.试题编号：H1-9 时间管理

（1）任务描述

你是恒达公司行政部经理助理孙梅，下面是行政经理发来的工作备忘录：

备忘录

发给：孙梅——行政助理

发自：李林——行政经理

日期：5月28日

内容：办公室时间管理

为让恒达公司员工及时了解市场最新信息，公司给每一名员工都配备了具备无线上网功能的笔记本电脑，以便员工能第一时间掌握产品价格、供求关系等相关信息的变化。但是，近一年以来，行政部发现公司员工都陷入了资讯的海洋，平均每个员工每天花在搜集信息上的时间就超过了两个小时，最重要的是由于搜集的信息相差不大，重复搜索现象普遍存在。在信息搜索同时，不少员工通过 QQ 或者邮件进行沟通，但是在沟通时由于没有及时记录沟通信息，出现了沟通信息失真现象，此外不少员工上班时间在网上游戏聊天，浪费了宝贵的时间。鉴于此，公司准备制定一个办公信息管理改革方案，并对员工进行一次时间管理培训。

---

①请说明 ABC 等时间管理分类法的基本原理，列出基本要点，以便条的形式进行答复。

②根据下面列出的某秘书一天的工作内容，请设计一份秘书工作时间表。

用较少的时间拆封、分类和传递今天收到的邮件；复印部门经理会议所要讨论的8份报告；为上司预定周末去天津的火车票（北京出发），并制订旅程表；给某客户打电话，告知对方下周上司将与他约会的事宜；复印一份将要给某客户的答复信以备存，原件寄给对方；将财务部新发的办公经费报销规定复印一份备存，原件放入文件夹中给部门同事传阅；给人力资源部门写报告，申请今年的休假日。

（2）考核时量

30分钟

10.试题编号：H1-10 时间管理

（1）任务描述

你是恒达公司行政部经理助理孙梅，下面是行政经理发来的工作备忘录：

备忘录

发给：孙梅——行政助理

发自：李林——行政经理

日期：3月28日

内容：办公室时间管理

为了节省人力物力财力，最大限度发挥员工的能动性，恒达公司拟启用更加灵活的办公模式，实行SOHO办公模式、远程办公、虚拟办公室等形式，但是试行一段时间后发现，不少员工在工作时间段花费大量的时间在网上游戏聊天，工作效率并不高。鉴于此，公司责成行政部近期在公司开展时间管理方法的培训工作。

①请说明ABC等时间管理分类法的基本原理，列出基本要点，以便条的形式进行答复。

②时间管理的工具有哪些，如何做好工作时间表的控制管理，以便条的形式进行答复。

（2）考核时量

30分钟

11.试题编号：H1-11 接待工作

（1）任务描述

你是恒达公司行政部经理助理孙梅，下面是行政经理发来的工作备忘录：

备忘录

发给：孙梅——行政助理

发自：李林——行政经理

日期：3月10日

内容：公司接待工作筹备

恒达电子有限责任公司自成立以来，秉承"不断钻研、力求创新"的经营理念，努力开发新技术，不断完善专业服务网络，这几年经营效益连续翻番，20××年营业额达1亿人民币，产品远销海内外，并不断保持产量连年递增的势头。质量管理也达到全国先进水平，其产品连续3年被评为最受消费者喜爱的品牌，20××年1月通过ISO9002国际质量体系认证，20××年3月通过ISO14001企业环境管理系统认证。

恒达的成功，得到了集团总公司的高度肯定和鼓励。为在集团公司内推广恒达的经验，弘扬恒达精神，总公司特派副总经理王维贤、公司办公室主任刘文远、总经理助理于莉一行三人于本月26日至27日专程来公司考察交流。总公司此次派员来访对公司而言意义重大，这不单是公司展示形象、推广经验的一次机会，更是公司获得总公司领导工作指导和支持的良机，全公司上下都要从思想上重视此次接待工作，从行动上把接待工作做好做细。为此，公司领导专门召开会议研究讨论，布置工作，要求此次接待工作一定要成功、圆满，不能出现任何纰漏。

根据公司办公会议确定的接待指导思想，请为本公司此次的接待工作拟制一份接待方案。

（2）考核时量

30分钟

12.试题编号：H1-12 接待工作

（1）任务描述

你是恒达公司行政部经理助理孙梅，下面是行政经理发来的工作备忘录：

> **备忘录**
>
> 发给：孙梅——行政助理
>
> 发自：李林——行政经理
>
> 日期：4月15日
>
> 内容：公司接待工作筹备
>
> 德国方维科技有限公司的副总裁将于下周二来公司进行参观交流，同行的还有该公司的营销总监和相关人员。他们在本市将停留2天，之后要去北京参加一个国际交流峰会。
>
> 公司非常重视此次外宾来访，这不单是公司向国外企业展示企业形象和实力的一次机会，更是公司争取获得与外商合作开发某经贸项目的良机，全公司上下都要从思想上重视此次接待工作，从行动上把接待工作做好做细。为此，公司领导召开会议研究讨论，布置工作，专门成立一个接待小组负责本次接待工作，要求此次接待工作一定要成功、圆满，不能出现任何纰漏。
>
> ①为迎接德国的来宾，请按规范的操作程序做好此次接待工作的筹备。
>
> ②涉外接待中有哪些要注意的问题，请以便条的形式进行答复。

（2）考核时量

30分钟

13.试题编号：H1-13 接待工作

（1）任务描述

你是恒达公司行政部经理助理孙梅，下面是行政经理发来的工作备忘录：

备忘录

发给：孙梅——行政助理

发自：李林——行政经理

日期：4月17日

内容：公司接待工作

恒达电子有限责任公司秉承"不断钻研、力求创新"的经营理念，努力开发新技术，不断完善专业服务网络，这几年经营效益连续翻番，产品远销海内外，并不断保持产量连年递增的势头，深受消费者的欢迎。质量管理也达到全国先进水平。

恒达的成功，得到了集团总公司的高度肯定和鼓励，恒达的经验，恒达的精神，也得到了业内同行的关注和认可，产生了广泛的社会影响。近段时期以来，来公司参观交流的业内同行、采访报道的媒体记者以及洽谈合作项目的商界人士日益增多，这无疑大大增加了公司的行政办公接待工作的压力。公司为此专门召开了专题会议，强调各部门特别是行政部门要从思想上重视每一次接待工作，充分认识接待工作的重要意义，这不单是公司展示形象、推广经验的一次机会，更是公司获得社会各界工作指导和支持的良机，全公司上下一定要站在公司大局上统一认识，从行动上把接待工作做好做细，"接待工作无小事"，不能出现任何纰漏。

①公司肖总经理在某日下午三点要接待一位重要的预约客人，请按规范的操作程序做好此次接待工作。

②孙秘书正在前台值班时，进来一位中年客人，他自我介绍说是西安某公司负责市场的副经理，希望能与公司总经理见面，商谈做陕西总代理的事，孙秘书知道公司上周就确定了陕西的总代理。正说着，工商银行信贷部赵经理推门而入，说是路过，好久不见肖总，想跟哥儿们聊聊天。请按规范的操作程序做好此次接待工作。

（2）考核时量

30分钟

14.试题编号：H1-14 接待工作

（1）任务描述

你是恒达公司行政部经理助理孙梅，下面是行政经理发来的工作备忘录：

备忘录

发给：孙梅——行政助理

发自：李林——行政经理

日期：5月28日

内容：会议接待工作

恒达公司承接了我市招商引资会议的协办工作，本次会议预计将有数十个国外公司前来洽谈。除了组织来宾参加正式的商务洽谈之外，会议还将有如下活动：开幕式、闭幕式、晚宴，组织观看音乐会或地方戏剧，组织来宾游览地方名胜景区，参观经济开发区。

招商引资会议筹备秘书处希望恒达行政部协助做好几项工作，如拟订会议接待的程序及要求；提供参加会议活动的接待费用明细；提供会议应急方案；提供会议摄影摄像、投影设备等。

①请说明会议接待的工作程序及要求，以便条的形式进行答复。

②本次会议预计将有数十个国外公司前来洽谈。请说明涉外接待的注意事项，以便条的形式进行答复。

（2）考核时量

30分钟

15.试题编号：H1-15 接待工作

（1）任务描述

你是恒达公司行政部经理助理孙梅，下面是行政经理发来的工作备忘录：

备忘录

发给：孙梅——行政助理

发自：李林——行政经理

日期：5月28日

内容：会议接待工作

公司近期拟召开"全国电信技术训练专题研讨会"，因参会人员较多，公司领导指示行政部牵头组织20人的会务工作服务小组。为了使任务分配能够比较公平合理，做到"任务到人，各负其责"，行政部应先对会务工作任务进行协调分配，组织做好会议的接待、报到及签到、会议记录、会间调度和服务工作。

①"全国电信技术训练专题研讨会"召开在即，此会引起了媒体的关注，某日，一位自称是《长沙晚报》记者的男士来到办公室要求采访公司肖经理，请以规范的操作程序接待这位来访者。

②请拟制一份《接待记录单》，并将此次接待情况填入记录单。

（2）考核时量

30分钟

16.试题编号：H1-16 电话接打

（1）任务描述

你是恒达公司行政部经理助理刘琳，下面是行政经理发来的工作备忘录：

备忘录

发给：刘琳——行政助理

发自：吴尚——行政经理

日期：5月5日

内容：办公电话的拨打

华通消费电子（中国）20××年度显示器总代理商会议将于5月在长沙召开。华通与显示器三大总代理商将共聚一堂，针对国内显示器市场的渠道管理达成共识：携手合作，共同建设维护统一的华通经销渠道。如果此次合作成功，必将会给渠道管理带来正面的影响，总代理之间通过的沟通协作能增加彼此之间的信任感。此次合作的成功将会带来厂商、总代理、渠道和消费者的共赢，从而保证华通显示器在中国的健康发展，巩固多年的领先地位。

华北地区总代理：北京 ×× 贸易公司

电话：010-×××××××

传真：010-×××××××

地址：北京市海淀区中关村南路×× 号

总经理：刘征

华南地区总代理：广州 ×× 数据实业有限公司

电话：020-×××××××

传真：020-×××××××

地址：广州天河龙口东路×× 号

总经理：韩天林

华东地区总代理：上海 ×× 实业有限公司

电话：021-×××××××

传真：021-×××××××

地址：上海浦东长兴东路×× 号

总经理：刘东南

①在会议通知发出的第二天，请打电话与三位代理商取得联系，征询参会事宜。请按规范的操作程序拨打电话。

②会议召开的前一天，华北代理商突然来电说明因在南京参加某商务活动不能准时赴会，需要迟到一天，5 月 21 日他将直接从南京乘飞机赴湘，上午10：00 抵达长沙参加会议。请在《电话记录单》中记录此次通话的内容并及时处理。

（2）考核时量

30 分钟

17.试题编号：H1-17 电话接打

（1）任务描述

你是华夏公司行政部经理助理刘琴兰，下面是行政经理发来的工作备忘录：

备忘录
发给：刘琴兰——行政助理
发自：李科——行政经理
日期：4 月 2 日
内容：办公电话的接听

华夏啤酒（杭州）有限公司决定于20××年4月10日和11日召开新品介绍和订货会议，邀请"杭州十佳"食品公司之一的雅士食品公司经理胡子扬，以及市著名的三家饭店的总经理及白云啤酒定点经销单位等参加此次会议。会议将大力推出20××年新品"清爽一夏"系列的9°的白云、9°的灵泉和9°的冰啤。

①杭州雅士食品公司经理胡子扬打来电话咨询公司新近推出的"清爽一夏"系列冰啤的相关情况及新品推介会的相关事宜，并在来电中告之将于20××年4月10日准时参加新品推介会，随行的有杭州雅士食品公司营销总监刘力先生以及经理助理赵丽女士。请按规范操作程序接听胡经理的来电。

②请拟制一份《电话记录单》，并将此次电话接听的相关情况填入记录单中。

（2）考核时量

30分钟

18.试题编号：H1-18 电话接打

（1）任务描述

你是恒达公司行政部经理助理姜珊，下面是行政经理发来的工作备忘录：

> **备忘录**
>
> 发给：姜珊——行政助理
>
> 发自：刘左——行政经理
>
> 日期：8月5日
>
> 内容：投诉电话的处理
>
> 恒达公司是一家专门从事洗衣机开发、生产、销售的企业。近年来，公司不断研发新产品，充分满足市场需求，逐渐打开了市场，销售业绩逐年攀升。但从去年下半年开始，由于公司管理不到位，生产设备严重老化，机器维修率高，生产部员工平时加班加点也没有什么津贴补助，生产积极性不高，致使生产进度受到影响，产品质量严重下滑，加之售后服务不到位，产品投诉增加，公司产品的销售呈下降趋势。
>
> ①公司前台突然接到一位消费者的产品投诉电话，该消费者姓刘，反映20××年2月26日在公司商场购买的电视机（在保修期内，有购货发票）存在质量问题，开机后图像不稳定，噪声大。他怒气冲冲地要求公司王经理接听电话，请按规范的操作程序处理这位消费者的投诉电话。
>
> ②请拟制一份《电话记录单》，并将上述投诉电话的接听及处理情况填写在记录单上。

（2）考核时量

30分钟

19.试题编号：H1-19 电话接打

（1）任务描述

你是恒达公司行政部经理助理孙梅，下面是行政经理发来的工作备忘录：

备忘录

发给：孙梅——行政助理

发自：李林——行政经理

日期：12 月 8 日

内容：办公电话的接打

　　恒达公司在本月底将召开公司年终销售工作会议，行政部需要筹划整个会议议程，在本周内必须要电话通知营销部门统计第四季度销售情况，并进行数据分析，在外省的销售人员需及时发送传真或电子邮件反馈统计信息。

　　①通知公司营销部门做好第四季度销售情况的统计与数据分析，请按操作规范拨打电话。

　　②肖总的秘书接到一个电话称要找公司肖总有事，但对方又不愿意告诉秘书自己的名字和身份，语气很不耐烦，请妥善处理。

　　（2）考核时量

30 分钟

20.试题编号：H1-20 电话接打

　　（1）任务描述

　　你是恒达公司行政部经理助理孙梅，下面是行政经理发来的工作备忘录：

备忘录

发给：孙梅——行政助理

发自：李林——行政经理

日期：5 月 28 日

内容：办公电话的接打

　　公司下周将召开新产品的新闻发布会，此次新闻发布会对于树立公司形象、提高产品知名度具有非常重要的意义。

　　在新闻发布会召开前，筹备工作千头万绪，公司各部门不但要安排好本部门自身的工作，还要协调好与其他部门之间的工作衔接和时间冲突，行政部要做好组织协调工作；同时，会议筹备人员要搜索相关媒体信息，了解本市各媒体新闻需求的重点以及偏好，以便选择合适的媒体参与新闻发布会的报道工作，选定媒体后，再进行电话或邮件沟通，邀请他们派遣记者参会。

　　①请按规范操作程序给《潇湘晨报》新闻部拨打电话，详细告之此次公司新闻发布会的相关信息，并邀请该报记者参与新闻报道。

　　②湖南《都市频道》新闻部打来电话，想了解此次公司新闻发布会的相关信息，并要求参与新闻报道工作。请按规范操作程序接听此次电话。

　　（2）考核时量

30 分钟

21.试题编号：H1-21 印信管理

　　（1）任务描述

你是恒达公司行政部经理助理孙梅，下面是行政经理发来的工作备忘录：

备忘录

发给：孙梅——行政助理

发自：李林——行政经理

日期：5 月 28 日

内容：办公印信管理

　　为进一步贯彻落实总公司关于办公规范管理工作专题会议精神，规范办公室工作秩序，树立良好的办公形象，推进相关管理制度的实施，经公司办公会议研究决定，6 月份，公司将在单位内部开展"办公规范管理检查工作"的活动。公司行政部过去在印信管理工作中存在一些问题，今后应该要加强管理，建立一套科学规范的工作制度、工作程序、工作规则，使印信管理工作有章可循。

　　①公司营销部有几份要上报省商务厅的省级营销工作会议文件需要盖章，请按规范的操作程序履行用印手续。

　　②请拟制一份《用印登记表》并将上述用印情况填入表中。

（2）考核时量

30 分钟

22.试题编号：H1–22 印信管理

（1）任务描述

你是恒达公司行政部经理助理孙梅，下面是行政经理发来的工作备忘录：

备忘录

发给：孙梅——行政助理

发自：李林——行政经理

日期：6 月 12 日

内容：办公印信管理

　　近期恒达科庆公司发生严重的印信管理方面的工作事故，给公司造成了信誉和财产上的损失。集团总公司对此在全公司进行了通报批评。

　　此事件反映出集团公司在行政办公管理上存在严重的漏洞。为进一步贯彻落实总公司关于办公规范管理工作专题会议精神，规范办公室工作秩序，树立良好的办公形象，推进相关管理制度的实施，经公司办公会议研究决定，6 月份，公司将在单位内部开展"办公规范管理检查工作"的活动，行政部要积极做好自查自纠工作，认真整改，使此次检查工作落到实处。

　　①营销部门张文杰工程师和技术员吴晓要到富运达公司商洽平板电脑的研发业务，请按规范的操作程序为其开具单位介绍信。

　　②请拟制一份《介绍信发放登记表》并将上述开具介绍信的情况填入表中。

（2）考核时量

30 分钟

高等职业院校学生专业技能考核标准与题库

23.试题编号：H1-23 印信管理

（1）任务描述

你是恒达公司行政部经理助理孙梅，下面是行政经理发来的工作备忘录：

备忘录

发给：孙梅——行政助理

发自：李林——行政经理

日期：6月12日

内容：公司印信管理

　　恒达公司自今年上半年启动"办公规范管理大检查"活动以来，行政部在整改工作中出现了许多问题，公司领导很不满意。为此，行政部对本部门的整改工作做了反思，指出出现问题最大的原因在于行政部工作人员职业素养的缺乏。因为前段时间行政部的人员结构做了很大的调整，新进员工中，有部分员工并不是秘书专业的科班出身，是从其他职业岗位转岗而来，因此，行政部要加强对新进员工的培训工作，不仅要提高员工的职业技能，还要提高其职业道德和素养，进一步规范办公室工作管理，树立良好的办公形象，推进相关管理制度的实施，以公司内部开展的"办公规范管理大检查"为契机，认真整改，逐步提高本部门的办事能力和效率。

　　①营销部业务员刘涛要到新科公司商洽电风扇批发业务，请为刘涛拟写一份书信式介绍信。

　　②行政部新进员工左丽不知道如何进行印章的管理工作，请以便条的形式答复。

（2）考核时量

30分钟

24.试题编号：H1-24 印信管理

（1）任务描述

你是新力公司行政助理张济，下面是行政经理刘严发来的工作备忘录：

备忘录

发给：张济——行政助理

发自：刘严——行政经理

日期：8月8日

内容：办公印信工作

　　新力公司是一家大型高科技家电生产企业，总部设在北京。公司在全国的家电市场上已经占有很大的份额，配备了一万多名营销人员。目前，本企业准备在湖南新建一家分公司，需要对湖南家用电器市场进行调研，了解南北方家电市场需求的差异，以调整产品供货量。同时，总部需要选派20名管理与生产骨干前往湖南进行工作，目前个人申报工作已近尾声。

　　①新力公司湖南分公司成立，需要刻制一枚公章，请按规范流程进行印章的刻制、启用工作。

②对湖南家用电器市场进行调研，需要为工作人员外出调研准备大量的介绍信，介绍信印制好后，应该如何进行管理，请以便条的形式答复。

（2）考核时量

30分钟

25.试题编号：H1-25 印信管理

（1）任务描述

你是恒达公司行政部经理助理孙梅，下面是行政经理发来的工作备忘录：

备忘录
发给：孙梅——行政助理
发自：李林——行政经理
日期：1月8日
内容：办公印信管理
近期，公司行政部进行了一次全体员工的个人基本信息整理登记，并根据以往的登记材料进行核对，发现了公司档案工作存在的不足，如个别员工的培训证明和进修证明无上级主办单位的正式印章，有些印章虽然有，但印迹模糊，看不清楚，盖章极不规范，这些证明均应视为无效。公司行政部应在印信工作中规范操作，加强管理。
①公司销售部业务员赵明要去南昌市出差，和当地的富康电子贸易公司联系电子产品业务，请为他开具一份带存根的介绍信，亲自填写相关内容，并按要求盖章（注：在介绍信的盖章处注明"印章"）。
②请拟制一份《用印登记表》，并把上述用印情况填入表中。

（2）考核时量

30分钟

26.试题编号：H1-26 印信管理

（1）任务描述

你是恒达公司行政部经理助理孙梅，下面是行政经理发来的工作备忘录：

备忘录
发给：孙梅——行政助理
发自：李林——行政经理
日期：5月28日
内容：办公印信管理
为适应企业发展的需要，公司准备录用一批销售人员和新产品设计人员，针对新录用人员，将采用新的工作模式，以开源节流，同时发挥工作人员的最大能力。根据工作性质，市郊偏远地区的销售人员拟采用弹性工作模式和远程工作模式，新产品设计人员拟采用兼职工作模式或者定期合同制工作模式。在实施本方案之前，行政部需协助人力资源部协调好新录用人员的工作安排，避免不必要的误会，并且需上网检索不同办公模式管理方

法的相关材料，以完善本公司的管理制度。

①四位新录用的销售人员和三位技术员到公司来办理入职手续，公司人力资源部因要签署员工聘用合同，要求借用公司公章，请拟制一份《用印申请单》并要求人力资源部工作人员填写相关用印信息。

②如何管理公司的印章，请以便条的形式进行答复。

（2）考核时量

30分钟

27.试题编号：H1-27 办公用品管理

（1）任务描述

你是恒达公司行政部经理助理王强，下面是行政经理发来的工作备忘录：

备忘录
发给：王强——行政助理
发自：刘科——行政经理
日期：6月28日
内容：办公用品管理
鉴于公司办公室采购人员在采购办公用品时较为随意，无计划采购或者自作主张采购、未进行入库登记直接入库现象时有发生。为了有效使用办公资源，确保办公经费的合理使用，办公用品的采购一定要严格把关，严格遵照规范程序进行。 　　行政部门要及时纠正采购人员不规范的采购行为，多和各部门进行沟通，征求使用者的采购意见，对票货不符的，要及时与供应商联系。 　　①请列出常用办公用品的种类和名称，并注明办公易耗品的范围，以便条的形式进行答复。 　　②公司要采购一批办公用品，请按采购办公用品的工作程序进行规范操作。

（2）考核时量

30分钟

28.试题编号：H1-28 办公用品管理

（1）任务描述

你是恒达公司行政部经理助理吴丽，下面是行政经理发来的工作备忘录：

备忘录
发给：吴丽——行政助理
发自：黄卓——行政经理
日期：3月18日
内容：办公用品管理
本月在单位内部开展的"办公规范管理检查工作"的整改行动中，发现公司行政办公部门在办公用品的采购工作中存在一些问题，需引起高度重视，如有些办公用品存在质量

问题，办公用品的采购价格偏高，有的供货商不仅给出的价格偏高，且不提供针对不合格的物品的更换服务，等等。

公司行政办公部门在此次检查行动中要起到带头的作用，自身要做好办公用品管理上的整改工作，使此次检查行动落到实处，行之有效。

①请列出常用办公用品的种类和名称，并注明办公易耗品的范围，以便条的形式进行答复。

②公司要采购一批办公用品，请按采购办公用品的工作程序进行规范操作。

（2）考核时量

30分钟

29.试题编号：H1-29 办公用品管理

（1）任务描述

你是华夏公司行政部经理助理刘琴，下面是行政经理发来的工作备忘录：

备忘录
发给：刘琴——行政助理
发自：李海——行政经理
日期：4月2日
内容：办公用品管理
随着公司的不断壮大，公司的内部管理却未能跟上发展的步伐，成本意识、节约意识淡薄，存在很多的管理漏洞。以公司办公用品的管理为例，财务部门发现公司办公用品今年的开支增幅远远高于去年，究其原因，在于有些部门对办公用品缺乏监管，浪费现象严重，公物私用情况时有发生，相关管理制度形同虚设。基于此，经公司办公会议研究决定，本月开始，将在公司开展"严管理，促效益"的整改行动，全体员工应一起行动，积极响应公司号召，进一步加强自身管理，以身作则，为公司的发展做出贡献。 ①公司营销部要领用一批办公用品，请按办公用品发放的工作程序进行规范操作。 ②行政部王丽要求领取 12 个纸皮文件夹（要求绿色）、4 包A4复印纸（特殊需要），请拟制一份《物品领用申请表》并将上述办公用品领取情况填入表中。

（2）考核时量

30分钟

30.试题编号：H1-30 办公用品管理

（1）任务描述

你是宏达公司行政部经理助理刘丽丽，下面是行政经理发来的工作备忘录：

备忘录
发给：刘丽丽——行政助理
发自：陈鑫——行政经理
日期：9月2日

内容：办公用品管理

为进一步贯彻落实总公司关于办公规范管理工作专题会议精神，规范办公室工作秩序，树立良好的办公形象，推进相关管理制度的实施，公司已于本月在单位内部开展了"办公规范管理检查工作"的活动。

在此次各部门整改过程中，公司发现行政办公部门在办公用品管理工作中存在一些问题，需引起高度重视，如在领用办公用品时没有严格、规范地履行相关手续，办公用品有时被员工随意取用，办公用品库存记录没有及时更新，等等，这些问题导致公司的办公用品有时供应不足，有时又浪费严重。

公司行政办公部门在此次检查行动中应起到带头的作用，前期要做好广泛调研，了解各部门在办公用品管理上的需求，自身做好办公用品管理上的整改工作，使此次检查行动落到实处，行之有效。

①公司营销部要求领取 3 包A4 办公用复印纸、10 支白板笔、10 个文件夹，请按照发放办公用品的工作程序进行规范操作。

②请拟制一份《物品领用申请表》，并将上述办公用品的发放情况填入表中。

（2）考核时量

30 分钟

31.试题编号：H1-31 沟通工作

（1）任务描述

你是恒达公司行政部经理助理孙梅，下面是行政经理发来的工作备忘录：

备忘录

发给：孙梅——行政助理

发自：李林——行政经理

日期：6 月 8 日

内容：沟通工作

因为大环境等原因，20×× 年上半年家电市场整体销售状况不理想，消费者购买行为日趋理性，商家不得不在营销方式上费尽心思。针对如何提高市场占有率，不断探索新型有效的营销手法，恒达公司召开了销售工作专题研究会，并部署了下一阶段工作安排。会议决定，6 月份，公司将针对不同人群，选择不同营销模式和推广方式，开展外场销售主题营销活动。

为激励公司全体员工积极参与外展活动的宣传工作，应该选择何种沟通方法？

（2）考核时量

30 分钟

32.试题编号：H1-32 沟通工作

（1）任务描述

你是恒达公司行政部经理助理孙梅，下面是行政经理发来的工作备忘录：

备忘录

发给：孙梅——行政助理

发自：李林——行政经理

日期：5 月 28 日

内容：沟通工作

　　我公司的办公室自建成至今已有 25 年了，这期间虽然经两次大规模的扩建，但仍无法满足我公司日益发展之需要。鉴于目前办公室面积过小、设备陈旧的现状，为了适应我公司的快速发展，需立即对办公室进行扩建和改造，并对原办公室的办公用品进行清理，购买一批先进的办公自动化操作设备。经测算，此项工程需经费约 60 万元。目前，我公司已自筹 40 万元，尚有 20 万元的缺口，此部分经费拟征询总公司意见，与总公司沟通协调，请示通过专项拨款来解决。

　　为完成公司办公室的改扩建工程，需请示总公司拨款解决资金缺口，应该通过何种渠道与总公司进行沟通？

　　（2）考核时量

30 分钟

33.试题编号：H1-33 沟通工作

　　（1）任务描述

　　你是恒达公司行政部经理助理孙梅，下面是行政经理发来的工作备忘录：

备忘录

发给：孙梅——行政助理

发自：李林——行政经理

日期：5 月 28 日

内容：沟通工作

　　为了营造安全、舒适、美观、和谐的工作环境，杜绝安全隐患，保护员工的身心健康，下周将在公司开展办公环境安全大检查。检查范围包括办公区建筑地面、墙面、门窗；办公室光线、温度、噪声与通风；办公家具、办公设备以及办公用品；办公区以及办公室的消防设施、设备以及报警装置；办公室内符合组织目标的装饰、标志，饮水机以及绿色植物等。

　　此外，销售部多次在接待区通往门口的走道上堆放很多空纸箱，检查人员此次需重点检查，要和销售部进行有效沟通并妥善解决，确保接待区到门口的过道畅通。

　　应该采用什么方法与销售部进行有效沟通？

　　（2）考核时量

30 分钟

34.试题编号：H1-34 沟通工作

　　（1）任务描述

　　你是方达集团行政助理朱方，下面是行政经理王刚发来的工作备忘录：

备忘录

发给：朱方——行政助理

发自：王刚——行政经理

日期：8月9日

内容：沟通工作

　　方达集团是一家生产高档办公用品的大型企业，与英国威尔利公司拟定了合作意向书，但由于经济危机的冲击，原本对方的100万订单降到了60万，此举对方达无疑是一次重创，双方在本次合作的条件上一直僵持不下。

　　为了使公司摆脱困境，方达集团极力想把握这次合作机会，集团总经理王洁女士将亲赴英国，和威尔利公司总经理罗伯特先生就双方的合作问题进行一次谈判。

　　你需要和英国威尔利公司总经理秘书亨利先生进行联系，了解总经理罗伯特先生下周的时间安排表，以确定王总经理的工作行程安排，你应采取何种方法与亨利先生进行沟通？

　　（2）考核时量

30分钟

35.试题编号：H1-35 沟通工作

　　（1）任务描述

　　你是湖南汽车发动机厂行政助理金新，下面是行政经理雷霄发来的工作备忘录：

备忘录

发给：金新——行政助理

发自：雷霄——行政经理

日期：8月8日

内容：沟通工作

　　为了扩大公司产品的销售市场，公司经理刘鹏将赴苏州参加全国家电新产品订货会，主要活动有：参观家电样品展示，参加全国电子行业发展高峰论坛，与强力公司签订合作意向书，利用半天时间到苏州探访他的老朋友××局×××处长。为使此次行程圆满成功，行前需做好经理差旅的相关准备工作。

　　差旅事务安排十分繁杂，为了不出纰漏，在充分了解领导差旅意图的基础上，应采取何种方法与公司经理进行有效沟通？

　　（2）考核时量

30分钟

36.试题编号：H1-36 协调工作

　　（1）任务描述

　　你是华锐汽车工业园行政部经理助理刘新艳，下面是行政经理发来的工作备忘录：

备忘录

发给：刘新艳——行政助理

发自：谷强——行政经理

日期：6月8日

内容：协调工作

早在几年前，湖南华锐汽车工业园早已成型，合作单位谈了很多家，北方汽车集团是国内第一个决定落户湖南并入驻华锐工业园的大型汽车企业，该集团计划在湖南建起一座年产四万辆的中档小轿车基地，以此实施北方汽车占领南方市场的总体战略。

对于华锐汽车工业园的发展来说，第一家厂的落户至关重要。有了第一只凤凰，便不愁第二只、第三只。因此，华锐汽车工业园总经理决定在6月18日10：30～11：00在华锐工业园东安广场举办一个正式的签字仪式，正式宣布与北方汽车集团的合作。

签字仪式还邀请全国各路媒体进行全方位报道，其目的就是扩大声誉，增强知名度。签字仪式的筹备工作千头万绪，为使公司上下统一认识，协调行动，保证公司内部相关工作能正常协调运转，应该采用什么协调方法？

（2）考核时量

30分钟

37.试题编号：H1-37 协调工作

（1）任务描述

你是恒达公司经理助理孙梅，下面是行政经理发来的工作备忘录：

备忘录

发给：孙梅——行政助理

发自：李林——行政经理

日期：4月15日

内容：协调工作

德国方维科技有限公司的副总裁将于下周二来公司进行参观交流，此行还有该公司的营销总监和相关人员。他们在本市停留2天，之后要去北京参加一个国际交流峰会。

在来宾到访的前一日进行最后的筹备工作检查时，发现后勤接待组把客人全部安排在星级宾馆的二楼，此前，德方要求把他们的副总裁住宿的楼层调高，因为他有轻微的神经衰弱症，睡觉需要安静。但宾馆前台告之二楼以上的客房已全部住满，此时应该采用什么协调方法处理此事？

（2）考核时量

30分钟

38.试题编号：H1-38 协调工作

（1）任务描述

你是恒达公司经理助理孙梅，下面是行政经理发来的工作备忘录：

备忘录

发给：孙梅——行政助理

发自：李林——行政经理

日期：6月3日

内容：协调工作

营销部业务员小李因前段时间出差在外的费用未能及时报销，希望能在办公室零用现金里报销冲账，负责零用金管理的刘秘书没有同意，此后，小李很长时间不理刘秘书并对她颇有微词。

应该采用什么方法协调处理此事？

（2）考核时量

30分钟

39.试题编号：H1-39 协调工作

（1）任务描述

你是万强商贸集团公司行政助理杨望，下面是行政经理发来的工作备忘录：

备忘录

发给：杨望——行政助理

发自：刘畅——行政经理

日期：9月28日

内容：协调工作

王副总与公司李总经理因工作分歧又发生了争执。王副总平时总是埋怨李总经理主观武断，不尊重他人意见。其实众所周知，李总经理与王副总仅仅是工作意见不同，而无个人恩怨。李总经理是一位有能力、有魄力、办事雷厉风行的人，但不太注意细节。王副总考虑问题周到，与下级关系融洽，但决断能力相对较差。

应该采用什么协调方法，缓和两位领导的关系？

（2）考核时量

30分钟

40.试题编号：H1-40 协调工作

（1）任务描述

你是恒达公司行政部经理助理孙梅，下面是行政经理发来的工作备忘录：

备忘录

发给：孙梅——行政助理

发自：李林——行政经理

日期：5月28日

内容：协调工作

恒达公司承接了我市招商引资会议的协办工作，本次会议预计将有数十个国外公司前来洽谈。除了组织来宾参加正式的商务洽谈之外，会议还将开展一些活动。

因部分参会公司没有寄送会议回执，参会人数暂时无法确定，影响到会议接待费用明细表的拟定，而会议秘书处因没有及时收到接待费用明细表，开始埋怨行政部工作效率低。

应采取何种方法与会议秘书处协调处理此事？

（2）考核时量

30分钟

模块二　秘书写作

1.试题编号：H2-1 法定公文拟制

（1）任务描述

恒达电器公司行政助理李光收到行政总监许多发来工作备忘录，请代李光完成相关工作任务。

备忘录
发给：李光——行政助理 发自：许多——行政总监 日期：3月28日 内容：综合以下信息，拟制请示 　　厂部决定向集团总公司请示，将我厂青年工人、机修班班长张树源的工资由四级晋升至七级。 　　给其晋升工资的理由如下： 　　①张树源一向工作积极认真，勤奋好学，吃苦耐劳，技术技能水平高。担任机修班长过程中出色完成本职工作，能创造性解决工作中遇到的技术问题，从来没有因设备故障影响过正常生产。近年来连续被总公司评为"生产标兵""技术革新能手"。 　　②在出色地完成本职工作的同时，积极投身到分厂各项技术革新活动中。多年来，张树源了解到总装分厂以及售后运回空调的返修情况。在返修外机时，氟利昂是直接排放到空气中，每年需自行放空的氟利昂量相当大，既浪费了氟利昂又影响生产检验环境。于是，几年来他一直锲而不舍地钻研，经反复实践，终于在去年12月研制成功了两台小巧精美的氟利昂回收机。该机功能齐备，操作方便，且制作成本低（进口设备需要20多万，该机制作只要3000元），仅为进口设备的1.5%。该装置可抽吸制冷系统的氟利昂，并经压缩冷凝液化后排入洁净钢瓶储存，制冷剂在回收过程中经过二次分离，油净化能达到高纯度，可再重复使用。该装置已于去年底分别于空一和空四使用。该设备的投入使用，填补了我公司总装线返修机冷媒回收这一空白，不仅改善了检验工作环境，而且创造了可观的经济效益。

（2）考核时量

90分钟

2.试题编号：H2-2 法定公文拟制

（1）任务描述

恒达电器公司行政助理李光收到行政总监许多发来工作备忘录，请代李光完成相关工作任务。

备忘录
发给：李光——行政助理 发自：许多——行政总监

日期：12月10日

内容：综合以下信息，拟制请示

　　恒达门窗今年业绩再创历史新高：销售量同比增长49%，销售额同比增长60%。优秀的人才队伍不断壮大，产品质量和客户满意度也大幅上升。

　　公司拟向集团总公司请示，于年末总结表彰大会之后举办一场迎新春文艺晚会，一是庆祝公司的优良业绩，并让广大一线员工共享"恒达"的经济发展成果，增强员工的归属感和荣誉感；二是更好促进公司企业文化建设，提高公司的凝聚力和向心力，推进公司又好又快发展。公司已经制订了如下晚会方案：

恒达门窗迎新春文艺晚会方案

　　一、活动目的：庆祝公司取得优良业绩，丰富广大职工的业余文化生活，让广大一线员工共享"恒达"经济发展成果，提高公司凝聚力和向心力，增强员工归属感和荣誉感，营造公司良好企业文化氛围。

　　二、活动时间：20××年1月12日左右，公司年终总结表彰大会后进行

　　三、活动地点：长兴大剧院

　　四、活动主题：激情恒达，和谐恒达

　　五、活动主办单位：公司党委、工会、行政办公室，具体由公司行政办公室、团委承办

　　六、活动形式：文艺节目加现场互动游戏，文艺节目进行评选

　　七、参加人员：公司全体员工，约600人

　　八、活动内容

　　（一）祝福篇：公司总经理致辞（新春贺词）

　　（二）分享篇：员工才艺表演，全公司内部征集不同形式的节目10个，外请节目2个

　　（三）开心篇：互动游戏，穿插在节目中间进行

　　1.男女搭配考验默契的游戏

　　2.沟通传递游戏

　　3.踩气球、猜谜语等

　　（四）总结篇：文艺演出节目颁奖

晚会节目设一等奖、二等奖、三等奖、鼓励奖、最具人气奖、最具创意奖、最搞笑奖

　　九、活动费用预算：共计约19600元

　　（一）大剧院场地租用、灯光、音响设备等约10000元（含总结表彰大会会议场地费用）

　　（二）其他费用：约9600元

　　1.奖项设置费用

　　一等奖、最具人气奖、最搞笑奖、最具创意奖各1个，共1600元奖品

　　二等奖2个，共约600元奖品

　　三等奖3个，共约600元奖品

　　鼓励奖若干个，共约1000元奖品

　　互动游戏环节纪念品若干个和活跃现场气氛用的荧光棒、BB哨等约800元

　　2.服装租金、道具、化妆等费用约1000元

3.外请专业演员费用约 2000 元

4.其他不可控因素费用约 2000 元

恒达门窗

20××年12月9日

（2）考核时量

90 分钟

3.试题编号：H2-3 法定公文拟制

（1）任务描述

恒达商业公司行政助理李光收到行政总监许多发来的工作备忘录，请代李光完成相关工作任务。

备忘录

发给：李光

发自：许多

日期：7 月 16 日

内容：综合以下信息，拟制请示

7 月 15 日，公司里林副总在地铁一号线王家井站发现城管正在驱赶一名疑似前大运会体操冠军张武的男子，围观的知情人介绍他就叫张武，每天都在卖艺乞讨，做些倒立、托马斯全旋等体操动作，每天收入大概几十块钱。

奥运冠军邢伟也在微博上证实乞讨男子正是张武，并且他还呼吁相关社会保障组织关注他，邢伟还鼓励张武重新开始："嘿！男人，勇敢一点，拿得起，放得下，重新开始走一条路！"

张武，1983 年出生，臂力超群，凭借其力量优势，12岁入选国家体操队，且一度是国家队重点培养的对象。张武在王家井卖艺是为给得脑血栓的爷爷治病，但现在收入只能勉强维持自己的生计。在谈到有队友在微博上关心他时，他表示之前也有不少队友帮助过他，但是他们也都不富裕，谢谢他们的关心。对于未来他表示自己很迷茫，不知该怎样走下去，但最重要的是，爷爷身体健康。目前公司正在物色形象代言人，我们的要求是对方外在形象好，镜头感好，不紧张不怯场；有良好的沟通、表达能力；普通话流利清晰；性格开朗，务实，能承受较大的工作压力。这些条件，张武都具备。重要的是，此举可谓一举多得，一是弥补社会保障制度的某些不足，改善张武的生活；二是有利于打造公司良好的负责任的公共形象；三是成本相对会比较低廉，对方漫天要价的可能性不会很大。

（2）考核时量

90 分钟

4.试题编号：H2-4 法定公文拟制

（1）任务描述

恒达商业集团公司行政助理李光收到行政总监许多发来的工作备忘录，请代李光完成相关工作任务。

59

备忘录

发给：李光

发自：许多

日期：6月16日

内容：综合以下信息，拟制请示

　　储备干部是企业储备的管理人才，他们通过系列培训和锻炼以后，最终会成为公司里的中高层管理人员。企业为在激烈的市场竞争中求得发展，必须要有中坚管理阶层和优秀的人才。除了外聘，企业越来越重视自己培养的管理人才，力求打造能够带领企业乘风破浪的尖兵。为此，企业一般会经过严格审慎的招聘程序，甄选出最具潜力的人才，并加以严格培训，充实储备干部成为专业经理人所需要的一切能力和技能。

　　我公司通过校园招聘渠道每年招聘几十名甚至上百名大专以上应届毕业生作为公司里的储备干部，不仅为每位储备干部安排不同进度的训练与实习，还指派一位教练或导师指导业务技巧、解决学习中遇到的疑难困惑，并且公司会安排一位人力资源经理做辅导，连储备干部的精神层面都照顾到，希望他们尽快融入公司文化，培训投资到每个人身上的经费高达十万元。

　　培训期间若有人进度落后，训练部门就要加强辅导，希望这些人可以团进团出。但是，每年都有不少甚至超过半数以上的储备干部在培训期间流失。可能是这些年轻大学生心态浮躁，可能对比其他企业、其他同学的收入，我们这里差那么一点，就跳槽了。但是，作为公司管理者，我们也要自己问一下自己，我们能否提高一下储备干部的待遇？据我所知，我们的同行或者说是竞争对手招聘的储备干部，其收入一般承诺在每月2001～4000元，相比于我们的每月800～1200元的待遇，确实多出很多。20××年度，总公司派到我公司顶岗见习的三名储备干部都非常优秀，各项考核指标大大领先于其他公司见习的储备干部，我们希望可以考虑通过待遇留人的方式留住这些储备人才，比如基本工资加到每月1200～1500元，奖励性收入每月保证达到400～600元，其他福利性收入每月300元左右，这样，保证每人每月不少于每月1700元。当然，这会增加公司的财务负担，但从长远来看这是值得的。

（2）考核时量

90分钟

5.试题编号：H2-5 法定公文拟制

（1）任务描述

　　恒达商业公司行政助理李光收到行政总监许多发来的工作备忘录，请代李光完成相关工作任务。

备忘录

发给：李光

发自：许多

日期：6月16日

内容：综合以下信息，拟制请示

　　储备干部是公司经过严格审慎的招聘程序甄选的颇具潜力的人才，通过我们一系列的培训和锻炼，他们最终会成为公司里的中高层管理人员。

虽然我们储备干部能得到较多学习资源与升迁机会，但是并非就像外界想象的那样，是"搭着直升机上升"，储备干部等于是将原本需要花好几年才能学会的东西，压缩到训练期间完成，他们面对的压力与挑战比一般职员大，储备干部多数的训练，都是基层实习，熟悉公司的实际运作流程，但有些工作非常琐碎、低阶，往往让原本设定自己要坐办公桌的储备干部难以调适，有位储备干部在培训日志中就写了这么一段话："让我们继续当一群乐观的疯子，一群顽固、坚持、拒绝接受'不可能'为答案的人。"选择当储备干部的人当然不是疯子，事实上他们需要更多的毅力，一种追求卓越的偏执和接受挑战的勇气，最后才能渡过重重关卡摘取桂冠，开展另一段精彩旅途。

正因为这样，每年都有不少甚至超过半数以上的储备干部在培训期间流失。一方面，可能是这些年轻的大学生们心态浮躁。另一方面，可能是储备干部的待遇没有达到他们的期望值。据我所知，我们的同行或者说是竞争对手招聘的储备干部，待遇一般承诺在每月2001~4000 元，相比于我们的每月 800~1200 元的待遇，确实多出很多。

作为集团公司实施储备干部制度的补充，我们希望可以改革单纯依赖储备干部制度选拔中高层管理干部的做法，向有关领导建议考虑通过引进方式解决公司在快速扩张过程中急需店长级管理干部的燃眉之急。我们要争取集团公司的支持，引进 3 名已经通过我们考察的相关人士，并附上这三个人的简历表。

（2）考核时量

90 分钟

6.试题编号：H2-6 法定公文拟制

（1）任务描述

恒达商业公司行政助理李光收到行政总监许多发来的工作备忘录，请代李光完成相关工作任务。

备忘录

发给：李光

发自：许多

日期：6 月 16 日

内容：综合以下信息，拟制请示

去年，集团公司人力资源部分配来的石欣等 8 名储备干部，他们谦虚学习，原本需要花好几年时间才能学会的东西，三个月左右的训练期就完成了。目前有好几位已经可以胜任楼层管理角色，他们在基层实习，熟悉了公司的实际运作流程，虽然那些工作琐碎、低阶，但他们能很好地自我调适。

以往每年都有不少甚至超过半数以上的储备干部在培训期间流失。一方面，可能是这些年轻的大学生们心态浮躁，可能对比其他企业、其他同学的收入，我们这里差那么一点，就跳槽了。另一方面，也可能是我们没有及时给予必要的鼓励和激励。所以，我们公司可以在最近召开一次专题会议，主题是储备干部培训经验与心得分享，目的是激励他们更好地融入公司文化。这样的分享会以前还从没有分公司开过，请向集团公司请示一下，是否可行。如果可行，是否能请集团公司主管此项工作的行政总监方城女士亲临指导，集团公司人力资源部长、集团公司人力资源部培训主管参加。我们公司自己解决经费，可以附一个会议筹备方案，会议时间暂定在 7 月中旬，地点在公司会议室，参加人除了储备干部以及他们各自的师傅、各自母校教师代表以外，在公司的全体经理都不能缺席。可以先找几位典型代表通通气，会上发个言，特别重要的是，要做好储备干部考核工作，以具体数据向领导们汇报这一批储备干部的特点。

（2）考核时量

90 分钟

7.试题编号：H2-7 法定公文拟制

（1）任务描述

恒达电器公司行政助理李光收到行政总监许多发来工作备忘录，请代李光完成相关工作任务。

备忘录
发给：李光——行政助理 发自：许多——行政总监 日期：3 月 18 日 内容：综合以下材料，拟制通报 　　公司仓库保管员张绪春因值班时在仓库内吸烟、值班时脱岗，严重违反劳动纪律，酿成重大火灾事故，造成直接和间接经济损失上十万元，严重损害了企业形象。公司专门召开了办公会议，依据公司《员工管理条例》第×条第×款决定给予其除名处理，并通报全公司。 　　公司认为这次事故完全是人为因素导致，性质严重，影响恶劣，教训深刻。这次事故反映了两个问题： 　　一是部分员工安全生产意识淡薄，劳动纪律观念不强；二是公司管理还存在严重的漏洞。因此将该事故通报全公司，对职工加强安全生产意识的教育，并进一步强调劳动纪律管理，要求各部门认真检查并排除火灾隐患等，是十分必要的。 　　事发当时具体情况如下：张绪春，出生于1988 年 6 月 8 日，公司仓库保管员。20××年 3 月 9 日晚，张绪春在仓库值班。他完全不顾仓库管理规定，不仅在库房内吸烟，还将烟头扔在地上。据他自述：21 时左右，他见当天进出库工作基本完成，估计后面除了守护仓库，没有什么具体事务了，就离开了仓库，上街买些零食来消磨时光。半小时以后回到仓库，打开门一看就惊呆了，仓库里已经烟雾缭绕，起火了。望着大火，他手足无措，又想起是因为自己随手扔掉的烟头引发了火灾，出于畏惧心理，没有及时打电话报火警，直到值班总负责人发现才紧急报警。经消防队员的奋力扑救，大火终于被扑灭了，但仓库内商品都已付诸一炬，库房也已经被烧得面目全非。

（2）考核时量

90 分钟

8.试题编号：H2-8 法定公文拟制

（1）任务描述

恒达电器公司行政助理李光收到行政总监许多发来工作备忘录，请代李光完成相关工作任务。

<table>
<tr><td colspan="2" align="center">备忘录</td></tr>
<tr><td colspan="2">发给：李光——行政助理</td></tr>
<tr><td colspan="2">发自：许多——行政总监</td></tr>
<tr><td colspan="2">日期：5月28日</td></tr>
<tr><td colspan="2">内容：综合以下材料，拟制通报</td></tr>
</table>

总公司决定对恒达电器筛选分厂青年工人、机修班班长张树源进行奖励，授予其"技术革新能手称号"，发给其新产品发明奖5万元，并在全公司通报表扬。

奖励他的理由如下：

①工作积极认真，勤奋好学，吃苦耐劳，技术技能水平高；担任机修班长过程中不仅管理能力好，自身技术水平更是出色，因为他能创造性解决工作中遇到的技术问题，从来没有因设备故障影响正常生产的事件发生。有一次，一台高压冲击检验设备因内部烧坏一个大功率放电电阻，而无法正常工作。当时，正是生产旺季，公司这种设备只有这一台，配件一时又采购不到。在这紧急关头，他决定自己动手做一个电阻，以保证正常生产。他找来一些镍烙丝，从下午3点钟开始手工缠绕5千多匝（每匝之间互不相碰），直到凌晨4点才终于把这台设备的故障排除。

②在出色完成本职工作的同时，积极投身到分厂各项技术革新活动中。多年来，张树源了解到总装分厂以及售后运回空调的返修情况。在返修外机时，氟利昂是直接排放到空气中，每年需自行放空的氟利昂量相当大，既浪费了氟利昂又影响生产检验环境。于是，几年来他一直锲而不舍地钻研，经反复实践，终于在去年底研制成功了两台小巧精美的氟利昂回收机。该机功能齐备，操作方便，且制作成本低（进口设备需要20多万，该机制作只要3000元），仅为进口设备的1.5%。由于该装置可抽吸制冷系统的氟利昂，并经压缩冷凝液化后排入洁净钢瓶储存，制冷剂在回收过程中经过二次分离，油净化能达到高纯度，可再重复使用。该装置已于去年底分别于空一和空四使用。该设备的投入使用，填补了我公司总装线返修机冷媒回收这一空白，不仅改善了检验工作环境，而且创造了可观的经济效益。

（2）考核时量

90分钟

9.试题编号：H2-9 法定公文拟制

（1）任务描述

恒达商业集团公司行政助理李光收到行政总监许多发来的工作备忘录，请代李光完成相关工作任务。

<table>
<tr><td align="center">备忘录</td></tr>
<tr><td>发给：李光</td></tr>
</table>

发自：许多

日期：7月22日

内容：综合以下材料，拟制通报

20××年7月10日19时12分许，恒达国际大酒店弱电井起火了，接到报警以后，消防官兵、公安民警迅速赶赴现场进行灭火救援、疏散群众。经过半小时以后，那场火灾总算被完全扑灭了，万幸没有造成人员伤亡。

保安部的部长李梅玲介绍，造成这一次火灾事故的原因可能是负一楼的弱电井发生起火，至于起火的原因，李部长说消防部门排除了负荷过大、人为纵火后，确认是电线短路造成的火灾。李部长还说，接到了电话以后，他们立即切断了全楼电源，赶到现场打开弱电井铁门以后，只见有一股浓烟喷出来，他们赶紧拎来七八个灭火器，对着里面燃烧的电线进行喷射，但大火还是蔓延到了3楼。于是他们拨打了消防部门的报警电话，过了10分钟左右，市消防中队赶到现场，最终将火扑灭。

经过了后续的清理、修复、处置，事件造成的直接损失不是很大，但影响和间接损失不小。在火灾事件中，恒达员工的高度责任感、职业精神是值得肯定的。但也有值得反省之处：一是安全工程设施设备在方案的优化性（包括合理性、必要性等）上有待提高；二是在保养维护的上不够细致；三是安全的严格性存在缺陷；四是日常专业制度（包括专业岗位职责、制度流程、劳动纪律等）、责任落实不到位。

公司每年之所以要把安全列为最重要的指标之一，就是因为企业开门无外乎两件事：一是安全地生产、生存下去，二是有效地经营下去。

通报的目的就是要大家增强安全意识，全员都要重视安全，确保安全责任，确保安全环境。董事长要求，包括恒达国际大酒店在内的全部分公司都要在安全方面进行整改。一是要立足于建立一个安全保障体系，要将其作为管理转型的一部分，专业到位，体系到位，什么问题都可以解决；二是要无盲点地彻查隐患；三是要着眼于落实安全制度、安全意识、安全责任。

（2）考核时量

90分钟

10.试题编号：H2-10 法定公文拟制

（1）任务描述

恒达商业集团公司行政助理李光收到行政总监许多发来的工作备忘录，请代李光完成相关工作任务。

备忘录
发给：李光
发自：许多
日期：4月28日
内容：综合以下材料，拟制通报
4月25日至27日，中国旅游饭店业协会第六届四次理事大会、第二届中国饭店金星奖颁奖典礼以及20××中国饭店品质提升大会在浙江省宁波市召开。在会议上，恒达国际大

酒店被授予了中国饭店业最高荣誉奖项"中国饭店金星奖"，全国仅有 100 家饭店获奖。这是恒达国际大酒店继 20×× 年获此殊荣后再获中国饭店业最高奖。酒店总经理郭三虎受邀出席了活动并接受颁奖。

根据了解，"中国饭店金星奖"在 20×× 年经过国家旅游主管部门批准设立，是我们中国饭店业里的最高荣誉奖项，每两年评选一次，该奖项在业界备受瞩目，以其专业性、权威性和公正性在全社会树立优秀饭店典范，促进饭店业服务质量和社会形象的全面提升。该奖项的评选不仅扩大了我国饭店业在国民经济领域的产业影响，而且全面提升了行业服务质量，树立了行业标杆。中国旅游饭店业协会会长张润钢表示，奖项评选结果真实客观地反映了中国饭店业的经营管理水平与消费者的感受，被业界称作是中国饭店行业里的"奥斯卡"。

第二届"中国饭店金星奖"评选于 20×× 年 7 月启动，酒店自行向本省旅游饭店协会申报，由省级协会考察、推荐，对酒店进行严苛筛选，依据制度规章、软件服务、硬件设施、人员培训、改革创新、节能减排及社会责任七个方面的内容进行严格评选，并由省旅游局核准，最后有146家饭店顺利入围。10月下旬，通过网络投票、在线顾客评价调查、中国旅游饭店业协会理事会成员单位投票以及专家评审四个阶段评选出100家获奖饭店。恒达国际大酒店最终脱颖而出获得殊荣。

（2）考核时量

90 分钟

11.试题编号：H2-11 法定公文拟制

（1）任务描述

恒达商业集团公司行政助理李光收到行政总监许多发来的工作备忘录，请代李光完成相关工作任务。

备忘录
发给：李光
发自：许多
日期：10 月 22 日
内容：综合以下材料，拟制通报
湖南省 20×× （首届）女职工职业技能竞赛于10月9日至10日在株洲举行，公司选派的选手曹魏、阳光分别夺得收银员专业个人第三名和第五名，并且为我们公司代表队获得团体优胜奖立下了战功。20×× 年是我省第六轮"芙蓉杯"女职工技能提升年，根据今年"技能上等级，创新出成果"的竞赛主题和全总女职工委员会《关于深入实施女职工提升素质建功立业工程的指导意见》的要求，我省人力资源和社会保障厅、我省总工会联合举办了这一次 20×× 年全省女职工计算机操作员和收银员两个专业职业技能竞赛。从 8 月中旬起始，由我们集团公司工会牵头，恒达商业集团公司人力资源部、信息部组织了针对计算机操作和收银岗位的技能培训，并组成了参赛代表队。为了在比赛中取得好成绩，选手们放弃了休息，无条件服从教练的一切安排。练点钞，手指被扎把条划破，贴一块胶布再来；练POS机刷卡，眼花了、腰酸了，直直腰，用手揉揉眼再上。这一个比赛于10 月 9日

至 10 日在株洲举行，共有 20 个单位的数十名选手参赛。在收银员专业比赛中，经过理论知识、点钞、假钞识别、收银接待和英语对话等项目的综合比试，公司选派的来自恒达电器的收银员曹魏和来自恒达百货的收银员阳光不负众望，夺得了个人第三名和第五名，公司获得团体优胜奖。赛后，曹魏、阳光二人被省总工会授予"芙蓉百岗明星"称号。

（2）考核时量

90 分钟

12. 试题编号：H2-12 法定公文拟制

（1）任务描述

恒达电器公司行政助理李光收到行政总监许多发来工作备忘录，请代李光完成相关工作任务。

备忘录
发给：李光——行政助理
发自：许多——行政总监
日期：5 月 28 日
内容：综合以下材料，拟制函
我公司欲租用青园商厦负一楼门面开设生活超市。据调查，长沙市友谊中路的青园商厦负一楼门面一直闲置，面积约 800 平方米，周边有青园小区、天一康园、星语林小区等，住户购买力均较强。且该地段方圆两公里内没有大型生活超市，符合我公司物色超市门面的要求。我方租用其负一楼闲置门面对对方也有利：能更好满足顾客的购买需求，有利于盘活其闲置资源；能增加商厦的经营业态，扩大商厦的经营规模，利于商厦自身的发展。 　　请尽快拟写商洽函与对方商妥此事。

（2）考核时量

90 分钟

13. 试题编号：H2-13 法定公文拟制

（1）任务描述

恒达电器公司行政助理李光收到行政总监许多发来工作备忘录，请代李光完成相关工作任务。

备忘录
发给：李光——行政助理
发自：许多——行政总监
日期：9 月 12 日
内容：综合以下材料，拟制函
我公司于 20××年 4 月 6 日向顺丰汽车贸易中心原业务一科购买了××型六吨卡车

15 台，购买时是附有商检合格证的。开具了两张发票，号码为 0671021，0671022。20××年 4 月 23 日提货，7 月中旬正式投入营运使用。该批汽车使用后，陆续发现前后轮内侧出现不规则锯齿形磨损，特别是内侧边缘磨损更厉害。我们请了有关技术专家及广州市公安局第七检测站进行了检验，并出具了检验书，认定此批车存在严重质量问题，与原供货资料标准不符。这批汽车已于 20××年 9 月初暂停使用。

公司决定对顺丰汽车贸易中心进行索赔，要求顺丰汽车贸易公司于本月 30 日前，派员前来检验质量鉴证等问题，并重新按质论价，赔偿经济损失，或退货。索赔中可运用国家有关法律、规定维护我方正当权益。请你负责拟写相关文案并协助做好索赔工作。

（2）考核时量

90 分钟

14.试题编号：H2-14 法定公文拟制

（1）任务描述

恒达电器公司行政助理李光收到行政总监许多发来工作备忘录，请代李光完成相关工作任务。

备忘录

发给：李光——行政助理

发自：许多——行政总监

日期：5 月 19 日

内容：拟制文书

公司收到顺昌公司《关于商请代培秘书人员的函》（顺司发〔20××〕20 号）文件。经局办公会议研究，同意代培，并有下述事项需告知对方：住宿问题无法解决；代培人员可单独编组，指定一名组长；代培费用按实际参加人数均摊，于培训班结束时结算；拟于 6 月中旬开学，具体开学日期和报到地点待定。

请按公司意见及时回复顺昌公司。

附：

顺昌公司关于商请代培秘书人员的函

顺司发〔20××〕20 号

恒达商业集团公司：

得悉你公司将于近期举办秘书人员培训班，系统培训秘书人员。我公司拟派 10 名秘书人员随班学习，请你司代培。如蒙同意，将是对我公司工作的有力支持。代培所需费用我公司将如数拨付。

特此函达，顺致谢意，敬希函复。

顺昌公司

20××年 5 月 18 日

（2）考核时量

90 分钟

15.试题编号：H2-15 法定公文拟制

（1）任务描述

恒达商业集团公司行政助理李光收到行政总监许多发来的工作备忘录，请代李光完成相关工作任务。

备忘录
发给：李光
发自：许多
日期：11 月 15 日
内容：综合以下材料，拟制函
12 月 10 日，为期 80 天，横跨了圣诞、元旦、春节、元宵四大节日的"福满星城"购物消费节即将来临，我们的集团公司要求全程参与本届购物消费节，并且力争赢得"最佳诚信经营奖"，为了响应集团公司号召，咱们恒达商业广场要集合电器、百货、超市三大业态强势出击，打造"恒达购物周"推出了团购、抽奖等多重促销活动，为购物消费节注入了活力，让百万市民体验恒达的"五星服务"，赢取活动组委会的好评。公司自从成立以来，始终以给消费者提供最为丰富的商品（出品）选择，最舒适的消费环境，最贴心的优质服务为努力方向，致力于将恒达打造成为让消费者高度认可的具有市场公信力的品牌，为长沙乃至湖南的经济建设做出自己的贡献，公司目前要做的主要工作是做好前期企划，但公司缺少相关专业技术人员，要想提高企划质量，达到更好的更理想的宣传效应，考虑从集团企划部借调 1～2 名专业技术人员。借调期间，工资待遇不变，本公司提供出差补贴、误餐补贴。补贴标准依照集团公司财务管理制度实施。为便于工作，对方最好能在 12 月 1 日前来本公司报到。

（2）考核时量

90 分钟

16.试题编号：H2-16 法定公文拟制

（1）任务描述

恒达商业集团公司行政助理李光收到行政总监许多发来的工作备忘录，请代李光完成相关工作任务。

备忘录
发给：李光
发自：许多
日期：12 月 22 日
内容：综合以下材料，拟制函
美菱电器位于安徽省的合肥，主要生产一些冰箱、洗衣机、离子水生成器、VCD 等，是国内最大的电器制造商之一，美菱的产品竞争力较强。近些年以来，美菱精耕了湖南市场，湖南成为美菱重要的战略市场，恒达是美菱核心合作伙伴。与恒达的合作，对于美菱在湖南尤其是二、三级市场的开拓和稳固具有重要意义。恒达商业集团是 1983 年组建的，从 1986 年起，恒达商业集团借助改革发展大势，立足市场，艰苦创业，从国有资本投入极

少、经营管理基础十分薄弱的特困企业基础上迅速崛起，1990 年就成为湖南省销售规模最大、经营效益最好的商业企业。

恒达商业集团一直十分注重制度和体制的创新。近年来，又完成了恒达控股股权分置改革和恒达商业集团公司改制，基本完成了从传统国企向现代企业制度的转变。恒达商业集团把"专业化、职业化"作为企业的核心追求，坚持"严实、精细、规范、量化"的管理原则，不懈地进行专业化建设，将传统的百货业改造成现代购物中心、电器连锁、世界名品专业店、生活超市四种业态。按"创同业典范，争国际一流"的目标对酒店进行分类定位建设，并对职员进行严格的职业训练，建立起了个性化的专业管理体系。

经过二十几年的发展，恒达商业集团已经发展成为集现代商贸、旅游酒店和综合投资于一体的综合性上市公司，恒达商业集团与美菱具有共同的价值观，都是务实进取的企业。如果建立战略合作关系，将进一步打破交流障碍，实现优势互补，进一步发挥终端渠道与厂商的协同性，对于双方后续的发展都具有深远意义。双方实现战略合作，势必进一步加强品类集聚效应，强化两品牌产销协同优势。有鉴于此，我方董事长提议，20××年，双方正式建立战略合作关系，满足双方发展的需要。可以考虑共同筹划一次高层对话，以签署恒达商业集团——美菱电器 20××年战略合作协议为中心议题，目的是正式建立并启动双方的战略合作关系，正式确立双方从高层到执行层面的多层次合作。

（2）考核时量

90 分钟

17.试题编号：H2-17 法定公文拟制

（1）任务描述

恒达教育培训中心行政助理李光收到行政总监许多发来工作备忘录，请代李光完成相关工作任务。

备忘录

发给：李光——行政助理

发自：许多——行政总监

日期：3 月 5 日

内容：综合以下材料，拟制会议纪要

恒达教育培训中心第三次办公室会议的决议很重要，请根据会议记录，尽快拟制会议纪要，将纪要下发至各部门，并督促各部门落实会议的决定。会议记录情况如下：

恒达教育培训中心第三次办公室会议记录

时间：20××年 3 月 4 日 14：30—17：00

地点：培训大楼第一会议室

出席人：许多（行政总监）、杨思华（教务长）、张春（办公主任）、吴晓（办公室秘书）及各培训部主要负责人

缺席人：王东生、张胜（外出开会）

主持人：许多（行政总监）

记录：吴晓（办公室秘书）

一、报告

（一）杨思华报告教培中心各培训部本年度基本建设进展情况。（略）

（二）主持人传达恒达集团总公司《关于压缩行政经费的通知》（以下简称《通知》）。（略）

二、讨论

我中心如何按照集团总公司《通知》的精神抓好行政经费的合理开支，切实做到既勤俭节约，又不影响正常的培训教学、科研等活动的开展。

三、决议

（一）利用两个半天时间（具体时间由各培训部自己安排，但必须安排在本周内）组织有关人员集中传达学习《通知》精神，提高认识，统一思想。

（二）各培训部负责人在认真学习的基础上，利用下周例会时间向员工传达、宣讲。

（三）各培训部责成有关人员根据《通知》的压缩指标，重新审查和修改本年度行政经费开支预算，并于两周内报行政总监办公室。

（四）各培训部必须严格控制派出参加外地会议及外出学习人员的数量，财务科更要严格把关。

（五）利用学习和贯彻《通知》精神的机会，对全中心员工开展一次"勤俭节约、艰苦朴素"的传统教育。

11点25分散会。

主持人（签名）

记录人（签名）

（2）考核时量

90分钟

18.试题编号：H2-18法定公文拟制

（1）任务描述

恒达工程公司行政助理李光收到行政总监许多发来工作备忘录，请代李光完成相关工作任务。

备忘录

发给：李光——行政助理

发自：许多——行政总监

日期：1月8日

内容：综合以下材料，拟制会议纪要

监理例会的内容需要传达到各相关单位。会议记录如下：

恒达工程公司第二工程指挥部监理例会记录

时间：20××年1月7日上午9：00

地点：×项目部会议

与会人员：孟×（恒达工程公司总经理、第二工程指挥部总指挥）、李×（监理部经理）、孙×（施工方总经理）、王×（劳务公司经理）、赵×（工程一标段队长）、徐×

（工程二标段队长）、周 ×（工程三标段队长）

会议主题：检查上周例会问题落实情况及下周工作安排

会议主持：孟×

会议记录：陈×

会议内容：

一、检查上周例会问题的落实情况

所提问题均解决。

二、工作进度安排及需求

一标段：计划两日内 1#、9#、10#楼完成六层混凝土浇筑；2#、 7#楼完成六层楼板安装；8#楼完成六层砌体。

二标段：计划下周 16#楼达到七层支圈梁、模板；17#楼达到柱支模。望劳务公司在材料周转方面能做好配合工作，争取 16#、17# 楼年前尽快封顶。

三标段：计划 23#楼十天后进行混凝土浇筑；24#、25#楼二十三 号完成主体封顶。

孟×：一定要保证工程进度，各单位继续加强配合

三、工程监理问题及要求

李 ×（监理部经理）：

1.部分外架搭设仍不到位，项目部下午派人逐个楼号进行检查落实，外架未搭设一定高度禁止斜屋面施工，确保无任何安全问题。每栋楼的楼梯阳台临边必须进行防护，保证施工工人的生命安全。各标段负责人及安全科长应对塔吊、提升机及施工用电情况进行定期检查；严禁在室内生火取暖。

2.现在安全文明工地的申请已经开始，望项目部努力做好安全文明施工工作。现场清理工作要及时，材料堆放整齐，成品料与非成品料要分开归类。

3.质量方面：跃层及天沟模板必须支设牢固，技术管理人员应严格检查，不得有遗漏现象；屋面施工项目部对工人应有详细的技术交底，避免返工。

4.水电安装和内粉要配合好，在水电安装之前，尽量完成卫生间内粉工作，并做好成品保护。目前，下水管破坏比较严重，如再有类似现象出现将给予严厉的处罚。

5.最近天气温度较低，若施工单位进行内粉施工，一定要采取相应保温措施，严格禁止无保温措施情况下进行内粉施工。

孙 ×（施工方总经理）：

1.各施工队提前做好工资分配。

2.要求各级管理人员要坚守岗位，恪守职责，严禁脱岗、离岗，避免返工及安全隐患。

四、主持人小结

我强调两点：

一是各部门要相互配合，特别是劳务公司在材料周转方面要积极配合，保证工程进度按计划推进。

二是工程的安全和质量是工程的生命线，监理部提出的问题一定要解决，相关要求施工方一定要严格遵守。

11：15 散会。

记录人：陈×

主持人：孟×

（2）考核时量

90分钟

19.试题编号：H2-19 法定公文拟制

（1）任务描述

恒达电子公司行政助理李光收到行政总监许多发来工作备忘录，请代李光完成相关工作任务。

备忘录
发给：李光——行政助理 发自：许多——行政总监 日期：5月6日 内容：综合以下材料，拟制会议纪要 　　恒达电子公司《神舟办公》软件开发专题会议的情况需要传达到各相关单位。会议记录如下： 恒达电子公司《神舟办公》软件开发专题会议记录 时间：20××年5月6日 地点：公司一会议室 出席人：公司各部门主任 主持人：张扬（公司副总经理） 记录：陈笑（办公室秘书） 　一、主持人讲话 　今天主要讨论一下《神舟办公》软件是否投入开发以及如何开展前期工作的问题。 　二、发言 　技术部李总：类似的办公软件已经有不少，如微软公司的 WORD、金山公司的 WPS 系列，以及众多的财务、税务、管理方面的软件。我认为首要的问题是确定选题方向，如果没有特点，千万不能动手。 　资料部冯主任：办公软件虽然很多，但从专业角度而言，大都不太规范。我指的是编辑方面的问题，如 WORD 中对于行政公文这一块就干脆忽略掉，而书信这一部分也大多是以英文的形式出现，中国人使用起来很不方便；WPS 是中国人开发的软件，在技术上很有特点，但文章编辑方面的内容十分简陋，离专业水准很远。我认为我们定位在这一方面是很有市场的。 　市场部黄主任：这是在众多航空母舰中间寻求突破，我认为有成功的希望，关键的问题就是必须小巧，并且速度极快。因为我们建造的不是航空母舰，这就必须考虑到兼容问题。 　张总：大家的意见是，只要我们的软件能在现有众多办公软件的基础上取长补短，做出自己的特点，并且解决好速度和兼容的问题，就可以投入开发。如果没有异议，技术部尽快拿出初步的技术方案，资料部负责资料编辑工作，再由技术部进行系统集成，市场部着手市场开发。大家表个态。

技术部李总：赞成开发。初步的技术方案十天内可完成，系统集成需要约二十天。

资料部冯主任：赞成开发。资料编辑工作预计需要三个月完成。

市场部黄主任：赞成开发。市场部将紧跟项目进度，多方式多渠道进行产品推介。

张总：各部门初步的工作需四个月，再加上论证、实践验证，该软件可以预定于20×╳年元旦投放市场。各部门要各负其责，保证项目取得良好效果。

11：15散会。

记录人：陈笑
主持人：张扬

（2）考核时量

90分钟

20.试题编号：H2-20法定公文拟制

（1）任务描述

恒达国际大酒店行政助理李光收到行政总监许多发来的工作备忘录，请代李光完成相关工作任务。

备忘录

发给：李光

发自：许多

日期：11月28日

内容：结合以下材料，拟制会议纪要

星级复核汇报会和通报会会议记录

会议时间：11月26—27日

会议地点：恒达国际大酒店四楼第一多媒体会议厅

与会人员：国家星评员许皓、唐伟良，执行总经理汤波，省旅游局副巡视员兼行管处处长尚斌、行管处调研员杨倩，酒店行政管理层人员

缺席人员：无

会议议题：星级复核汇报会和通报会

主持人：总经理杨波

记录人：行政助理李光

摘要：

总经理杨波：非常感谢与会的领导、专家，本次会议的主题是满三年期五星级评定性复核明查，非常欢迎大家提供宝贵的意见。今天是个汇报会，明天是个通报会。今天上午的会议大致上是这样子安排的：首先，请大家观看我们制作的星评汇报片；其次，由执行总经理汤波汇报一下经营管理服务情况；第三，请两位星评员就酒店收入结构等问题进行提问，酒店相关人员进行详细回答。下午，请星评员一行实地察看酒店前厅、客房、餐厅、会议厅、娱乐室等硬件设施和软件资料，对照国家《旅游饭店星级的划分与评定》标准进行逐项打分。明天，主要是专家反馈。好，先请大家观看短片。

执行总经理汤波：各位专家上午好！下面由我来为大家汇报本酒店的经营管理服务情

况，请大家批评指正。

许皓：我受全国星评委的委派，按照国家标准《旅游饭店星级的划分与评定》，对恒达国际大酒店进行了满三年期五星级评定性复核明查，通过昨天的会议和现场考察，恒达酒店对待星级复核工作非常重视，取得了很好的成绩，我们对酒店的总体印象是比较好的。我们两个考评员做了下分工，先由我来通报一下成绩，唐教授再来通报存在的不足。但说的是两个人共同的观点。我们觉得主要是这么几个方面的工作做得不错：一是酒店基础设备设施维护良好，必备项目达标；二是酒店市场经营效益良好，具备市场竞争力；三是员工训练有素，爱岗敬业，热情饱满，个性化精细化的服务给客人创造了更多的满意加惊喜，让客人感觉到很温馨、很有特色；四是管理团队方向一致、目标统一、执行力强、成效显著。打分的结果是必备项目全部达标。设备设施428.5分，运营质量545分，得分率90.83%，顺利通过了此次明查阶段的星级复核。

唐伟良：下面由我来提出酒店目前存在的问题，以及我们对酒店的发展给出的建议：一是加大酒店提质改造的力度，建议在前期设计时按新星标进行设计，充分考虑其空间布局的合理性和实用性，以提高酒店的整体豪华度与舒适度；二是注重服务细节，制造更多的亮点，营造更好的五星级酒店氛围；三是进一步完善培训体系，加大对员工的培训力度，不断提高员工的整体素质；四是关注与重视独特的明星员工队伍建设，打造恒达的精髓与特色，使之成为恒达的核心竞争力；五是加强经营能力的提升，进一步提高酒店的经济效益；六是整合恒达酒店产业的资源，加速品牌建设发展。

尚斌：两位星评专家好，杨总好，大家好！我完全认同星评专家的意见。我想，在未来的发展中，酒店一定会认清形势、把握趋势、找出差距、谋求更快更好的发展。

杨波：谢谢大家！首先请允许我对两位星评员表现出来的专业素养和职业精神表示崇高的敬意，对省旅游局对恒达产业发展悉心的培育和指导表示感谢。我完全认同两位星评员提出的评价和建议，并承诺对酒店存在问题逐项逐类限时整改：加强硬件改造，注重专业化、人性化、科技化，加强酒店经营能力，提升酒店经营效益，持续发展的能力；加强新星标学习，落实六个强化——强化必备项目的提质、强化核心产品、强化绿色环保、强化应急管理、加强软件服务、强化特色经营，把酒店建设为硬件良好、服务优质、效益优良、具有可持续竞争力的酒店。我们深知，评定性复核并未完全结束，未来3~6个月随时会有 星访人员进行暗访工作。我们一定扎实工作，既要让领导放心，也要让消费者满意。

散会。

（2）考核时量

90分钟

21.试题编号：H2-21 法定公文拟制

（1）任务描述

恒达酒店管理公司行政助理李光收到行政总监许多发来的工作备忘录，请代李光完成相关工作任务。

备忘录
发给：李光

发自：许多

日期：3月11日

内容：结合以下材料，拟制会议纪要

会议名称：恒达酒店管理公司20××年度营销工作会议

会议时间：20××年3月9日

会议地点：恒达国际大酒店四楼第一多媒体会议厅

与会人员：酒管公司及各成员酒店主管营销工作的行政层、营业部经理及酒店板块全体营销人员，共90人

缺席人员：无

会议议题：整合资源深化转型，创新营销共谋发展

主持人：总经理杨一波

记录人：行政助理李光

摘要：

杨一波：今天，公司酒店板块营销人员齐聚在恒达国际大酒店，隆重召开20××年度营销工作会议，首先请让我代表酒管公司对大家的到来表示由衷的感谢，本次会议旨在认真贯彻20××年集团工作会董事长讲话精神，全面总结酒店板块20××年度（上一年度）营销工作并部署新形势下20××年度营销工作，努力谋求深入推进酒店板块营销资源整合的方案。会议大致上这样安排：首先，由公司执行经理张虎和大家一起总结回顾酒店板块20××年（上一年）的营销工作。其次，由营销总监李飞介绍20××年度（上一年度）营销推广整合工作执行情况。再次，各酒店营业部负责人结合自身酒店特点进行主题发言。再其次，分组讨论，会务组有一点创新，就是将大家分成了四个组，为确保讨论有成效，在组织形式上也进行了创新，所有参会人员按所负责的业务市场分为四个小组，即政府组、商务组、旅行社及线上营销组、公关策划组。讨论内容主要是贯彻落实集团公司工作会精神，并围绕如何开拓营销渠道、创新营销渠道、创新营销方式，如何进行客户关系管理，如何进行市场细分及目标客户的选择，如何加快推进推广一体化建设、整合推广资源，如何进行策划、推广创新等议题进行讨论交流。然后由各酒店推选一名销售代表进行工作经验分享交流。各发言代表分享自己在工作中的销售经验、销售心得及销售技巧。最后，由我来和大家谈谈20××年度主要工作安排。

张虎：大家好，请允许我先来通报各成员酒店20××年度（上一年度）主要预算指标执行和完成情况。通过对财务数据分析及竞争对手的对比分析，我希望让大家看到差距，也相信大家能找到努力的方向。

李飞：好的，下面由我报告酒管公司20××年度（上一年度）营销推广整合工作执行情况。

恒达国际酒店代表任诗：请看我制作的PPT。我们店的主题是市场细分及客源结构的把控。

恒达国际大酒店代表张立：咱们店的主题是会议团队市场的开发。

恒达温泉酒店颜小璐：我们店的主题是旅行社市场的开发。

恒达麓山酒店代表王琦：我们店主题是政府及高校市场开发。

恒达盛源酒店代表苏丽：我们店的主题是商务散客及市场的开发。

杨一波：尽管20××年（上一年）酒管公司在几个工作层面取得了一定的成效，但与

转型的要求还有差距：认识不到位，认识提升停留在表面；专业不到位，资源整合停留在浅层次；执行不到位，作风转变停留在口号上。为此，20××年要进一步共享酒店板块营销资源，挖掘资源整合效益。在具体工作安排上，按照管理转型的"实转"要求，紧紧围绕"实效"主题，并以酒店板块现状、市场状况为基础，以市场推广专业委员会职能条线分工为依据，确定八项重点工作：精兵高效，专业创新；客户关系管理；政策制度的梳理与规范；推广策划整合；业务渠道整合；恒达美食策划；新 VI 体系的宣贯与执行；市场信息调研。目前各项工作均已制定了详细的工作计划，做到目标明确、责任到人。

20××年营销工作要进行整体部署。首先，营销队伍建设，具体要求是，强调销售人员要热爱本职，树立顽强的销售观念，有永不放弃的职业精神，有勤劳创新的工作作风，更要深刻感受到身上的责任，只有这样，才能真正端正认识，在营销工作中有所破、有所立、有所为。其次，要进一步明晰酒管公司战略发展规划和具体目标，今后营销资源整合工作的主要思路是：牢牢把握深化管理转型这个工作主题，以集团工作会董事长讲话精神为指引，以提升酒店板块市场推广能力为中心，着力于观念转变和认识提升，致力于共享酒店板块营销资源，在坚定不移地完成年度预算目标的同时，从"信心、责任、创新、执行"四个方面努力，深入推动营销资源的整合，不断完善市场机制建设，进一步共享酒店板块营销资源，挖掘资源整合效益，切实提升酒店板块市场推广能力，开拓成员酒店经营新局面，确保深化转型取得实实在在的成效。

（2）考核时量

90 分钟

22.试题编号：H2-22 事务文书拟制

（1）任务描述

恒达电器公司行政助理李光收到行政总监许多发来的工作备忘录，要求李光拟制工作计划，请代其完成。

备忘录

发给：李光

发自：许多

日期：12 月 1 日

内容：综合以下材料，拟制 20××年度工作计划

新年就要到来，转眼公司已成立3年了。3年时间里，公司员工一起努力，取得了不错的成绩。作为公司经理，我觉得，如果全体员工都 能拧成一股绳，劲往一处使，就没有什么事情是不能办到的。同时，在这样的氛围中,也将更容易调动大家的工作积极性、创造性与创业热情。因此，公司工作应从集体凝聚力入手。这个问题解决了，其他问题就将迎刃而解。所以，下一年度的工作目标是：A.增强员工集体荣誉感、增强集体凝聚力。B.以业绩为本，力求公司整体营业收入翻番；同时丰富企业文化生活。C.在上年度工作基础上，树立公司形象、争创消费者零投诉的公司。

具体工作思路是：A.积极地开展各种促销活动。在五一节、国庆节等重要节日开展让利活动。B.发挥公司集体的温暖，向每位需要帮助的公司成员伸出最无私的援助之手。计

划与青年志愿队联系，参与一次大型公益活动，如慰问敬老院老人等。C.实行司务公开。使公司事务更加公开化、透明化，使公司员工人人都可以参与到集体事务中来。同时，广泛采纳员工意见，集思广益，争取使公司工作更上一层楼。D.在公司已建QQ群的基础上，创建公司主页，在网络上展现公司风采。公司主页可作为员工们心与心交流的平台，让大家更好地融入到公司大家庭中。主页还可建设成为宣传公司形象的阵地，提高公司影响力，方便组织交流及活动通知，还要建立个人档案、个人简介，向来访者展示公司每位员工的独特魅力。此外，各部门既要分工明确又要相互配合，坚持每月开一次例会，针对公司出现的新问题制定新对策。公司例会由董事长或总经理主持召开，应积极准备，保证开会效率。要做好纪录，以便后期开展工作。

（2）考核时量

90分钟

23.试题编号：H2-23 事务文书拟制

（1）任务描述

恒达门业公司行政助理李光收到行政总监许多发来工作备忘录，请代李光完成相关工作任务。

备忘录
发给：李光——行政助理 发自：许多——行政总监 日期：6月28日 内容：综合以下材料，主持制订专题工作计划 　　恒达门业决定在全厂范围内推行岗位责任制。从7月上旬开始，利用一个半月至两个月的时间，完成这项任务。 　　推行岗位责任制是整顿企业、改进企业管理的需要。公司希望通过建立健全各个生产岗位和科室的责任制，调动职工的积极性，提高企业管理水平，进而保证生产任务的完成，经济效益的进一步提高。 　　为做好推行岗位责任制的工作，制定好确实可行的工作计划，公司召开了专题会议，提出了以下思路： 　　该项工作由厂部统一领导，各车间、科室具体负责。厂部定期研究、讨论；一级抓一级，力争出色完成任务。 　　岗位责任制推行一定要找出阶段性任务，如开头有动员、有思考，中间有综合平衡、有补充完善，最后还要有检查评比。做安排时要具体划分时间段，将每一阶段的任务都落实到具体的日期里去。 　　要求：一要分阶段开好三个会，即起始阶段的动员会，中间阶段的经验交流会，任务完成阶段的总结表彰会；二要搞好试点工作，全厂重点抓一两个生产车间和一两个科室，让他们走在前头做榜样，后面的再整体跟上，每个车间和科室也重点抓一两个班组；三要组织职工讨论，充分发扬民主，主要讨论推行岗位责任制的意义和可行性操作方法等，每个员工都应对自己的岗位责任有充分的认识并认可，提出初步方案，班组讨论修改完善，领导审批。

（2）考核时量

90 分钟

24.试题编号：H2-24 事务文书拟制

（1）任务描述

恒达电器公司行政助理李光收到行政总监许多发来工作备忘录，请代李光完成相关工作任务。

备忘录

发给：李光——行政助理

发自：许多——行政总监

日期：12 月 5 日

内容：综合以下材料，主持制订公司新进员工培训工作计划

随着企业规模的扩大，新进员工人数剧增。尽快让新进员工熟悉企业的经营方针，掌握本企业职工所必备的基本知识和业务技能，提高其基本素质，使之在较短时间内成为符合要求的职工，才能真正达到引进人才，保障生产的目的。为此，公司召开了专题工作会议，就新进员工培训问题做了部署。

新进员工的培训应该从以下内容入手：(1)明确本企业的生产目的和社会使命。(2)明确本企业的历史沿革、现状、在产业中的地位和经营状况。(3)了解本企业的机构设置和企业组织。(4)掌握本企业的规章制度和厂规厂法。(5)掌握本企业各部门的业务范围和经营生产项目。(6)了解本企业的经营风格和职工精神风貌。(7)了解本企业对职工道德、情操和礼仪的要求。(8)通过教育培训考察学员的个人能力和专业特长。

培训新员工的任务应该要落实到部门，会议认为计划的编制和组织实施由人事部负责。企业主要领导全面负责教育指导工作，其他领导应参与。企业全体职工都应协助教育培训工作。

每期新员工培训时间可考虑为 3 个月，根据实际情况可适当延长或缩短。集中培训的时间安排为：上午：×时×分到×时×分，下午：×时×分到×时×分；轮岗实习时间同企业工作时间一致；工作现场参观时间视情况而定。

为便于组织培训，根据学历，学员可分成不同的班组，并指定一名班组长。参观或实习时，可根据实际需要，重新编班。

培训应该分为基础理论教育、实习教育两大部分。具体操作方法如下：(1)专业知识传授采取集中授课的方式。(2)公司内轮岗实习，采取到实习工厂或企业车间部门实际操作的方式。时间从培训正式开始起，以 15 天为一周期，全体学员轮流更换工作。(3)工作现场参观。根据教员的布置，实地考察，并由学员提交参观报告。(4)培训日记。培训期间，要求学员对培训感想和认识做出记录，以提高学员的观察和记录能力。(5)在培训过程中，尽量让学员接触生产实践，尽量提供更多的参考资料和视听教材。

会议还强调了培训注意事项：(1)对企业的机构设置、规章制度、生产经营管理系统要作重点介绍。(2)对各部门的职权范围、工作内容等要作详尽介绍。(3)要让学员清楚地掌握工作性质和责任。(4) 要使学员真正掌握业务知识。(5)要重点培养学员的责任心和效率意

识。(6)培养学员的礼仪修养,养成礼貌待人的习惯。(7)使学员意识到校园生活与企业生产的差别,感知到自己新的责任与地位。(8)培养学员尊重知识、严肃认真的工作态度。(9)注意培养学员的集体精神和企业意识。(10)不应把新职工的教育培训任务仅局限于企业领导,要使全体企业职工参与教育培训工作。技术部要配合其他各部的工作,为其他部门工作提供技术支持。

（2）考核时量

90 分钟

25.试题编号：H2-25 事务文书拟制

（1）任务描述

恒达电器公司行政助理李光收到行政总监许多发来工作备忘录,请代李光完成相关工作任务。

备忘录

发给：李光——行政助理

发自：许多——行政总监

日期：11 月 20 日

内容：综合以下材料,主持制订迎新春大型文艺晚会方案

集团在 20×× 年业绩再创历史新高：销售量同比增长 49%,销售额同比增长 60%。优秀的人才队伍不断壮大,产品质量和客户满意度也大幅上升。为对全体员工一年来辛勤付出表示感谢和慰问,丰富广大职工的业余文化生活,让广大一线员工共享"恒达"的经济发展成果,更好促进公司企业文化建设,提高公司的凝聚力和向心力,增强员工的归属感和荣誉感,推进公司又好又快发展。公司党委、工会、团委和办公室拟联合主办一场以"激情恒达,和谐恒达"为主题的大型文艺晚会,全体员工约 1100 人（包括一线员工）参与,让员工感受到恒达大家庭的温馨和谐。

经商议,晚会由办公室和团委具体承办,时间可以定在 20×× 年（下一年）1 月 6 日左右,公司年终总结表彰大会之后。为提高员工的参与热情,节目尽可能由员工自编自演,形式可以多样化,比如歌舞、小品等,也可有一两个外请专业演员的节目。为了活跃现场气氛,节目中可穿插抽奖、互动游戏等（互动游戏如：男女搭配默契游戏、沟通传递游戏、踩气球、猜谜语、发短信猜谜等）。

可以根据活动内容,把晚会分成几个部分,并可为各部分冠以名称,比如：祝福篇、分享篇、开心篇、总结篇等。晚会开场可考虑请董事长顾长民致新春贺词并宣布晚会开始；最后可以将文艺演出的节目进行评比颁奖,奖项可考虑设一、二、三等奖,最具人气奖,最具创意奖,最搞笑奖等,并给予奖品。

因为全体员工参加,人数较多,规模较大,可考虑外租长兴大剧院做活动场地。

（2）考核时量

90 分钟

26.试题编号：H2-26 事务文书拟制

（1）任务描述

恒达电器公司行政助理李光收到行政总监许多发来的工作备忘录，要求李光拟制一份专题计划，请代其完成。

备忘录

发给：李光

发自：许多

日期：5 月 10 日

内容：综合以下材料，制订 6 月份专题营销计划书

上半年第一季度，家电市场整体销售状况不理想，为此公司召开了专题研究会，研究如何提高市场占有率，探索新型有效营销手法。公司决定 6 月份针对不同人群选择不同营销模式和推广方式开展媒体公益性营销活动，并与政法频道合作，从政法频道 15 周年庆为广大市民谋福利的公益角度，于 6 月 22 日下午 3 点钟起，为星城市民打造一场"家电 TV 大团购"超级盛宴。前期进行硬广宣传、新闻宣传、7 大新闻栏目主持人口播、栏目飞字、拨打热线抢券等多种形式的宣传。6 月 22 日下午 3 点，在××旗舰店活动现场，政法频道主持人文××、杨××将现身旗舰店东门舞台，宣布活动正式开启，并针对 9 款单品进行现场拍卖。作为本次活动最重要、最能带动销售的环节，长沙本土知名主持人××、××将带领消费者，直接与活动品牌厂家代表砍价，砍价共针对 22 个品牌，时间长达 4 个小时，以吸引众多消费者的目光。预计自下午 3 点半开始，索尼彩电、海尔空调、西门子电器等部分品牌将爆发销售高潮，当日销售总额较平日和同期将增长 7~10 倍。

（2）考核时量

90 分钟

27.试题编号：H2-27 事务文书拟制

（1）任务描述

恒达物业公司行政助理李光收到行政总监许多发来工作备忘录，请代李光完成相关工作任务。

备忘录

发给：李光——行政助理

发自：许多——行政总监

日期：12 月 8 日

内容：综合以下材料，拟写公司年度工作总结

20××年来，恒达物业的主要工作，一是建立完善的内部管理机制。企业的良好发展，离不开严格的内部管理。公司主要采取了"走出去、引进来"的方式，到昌乐园、银都、电信、建行等物业公司学习参观，在汲取先进管理经验的基础上结合我们的实际情况，对经营班子及各部门管理岗位的职能、作用、工作范围作了明确的划分，将各项工作细化，并责任到个人，促进了各岗位的积极性、主动性和创造性，使各级管理人员在工作实践中不断得到锻炼，业务、管理水平得到了提高。

二是建章立制。物业公司经营班子始终把"提高物业服务水平，扩大服务范围，由内部服务逐步走向外部服务，争取从市场中获取效益"当作今后可持续发展的途径。为实现这一目标，促进工作迅速有效开展，公司狠抓了建章立制工作，确立并颁发了《员工培训制度》《员工奖惩条例》《岗位工作质量标准》《效绩考核制度》《值班经理工作制度》等五项新制度，修改完善了《商户回访工作制度》《投诉接待处理制度》《办公经费管理制度》《工资管理制度》《考勤制度》《会议制度》《文件学习落实制度》《效绩考核检查落实制度》等八项原有制度。这些制度成了规范公司工作，提高工作效率的良好保障。各项规章制度的落实是建章立制工作的最关键环节。为了落实各项规章制度，我们下了极大的工夫。如为了落实《效绩考核制度》，考核部门的管理人员同时也要接受《效绩考核检查落实制度》考核，起到了相互监督作用。实施以来，员工的工作作风和服务意识、水平以及有效投诉处理率有了显著提高。又如《晨会制度》实施后，每天晨会对前期出现的问题和当天安排的工作都会具体落实到相关责任人，要求当天能完成的必须当天完成，不能完成的要查出原因，制订计划限期完成，使各部门的工作效率明显加快，改变了懒、散、慢的不良习惯，对迅速提高服务意识、尽可能减少投诉和有效开展工作起到了至关重要的作用。

三是公司上下团结务实，显著提高服务意识。物业公司只有不断提高服务质量，最大限度地满足商户和业主的需求，才能树立良好的企业形象，稳步提升物业收入。首先，从思想政治工作入手，发挥党、团、工会积极分子的模范带头作用，带领全体员工转变观念，开展理论学习、加强业务培训，使员工的自身素质和服务意识得到不断提高，并要求公司领导和各级管理人员经常深入基层做大量的答疑解惑工作，公司上下形成了团结一致、求真务实的工作氛围。其次，为了能够在服务质量上更上一个台阶、资质评审中再上一个档次，物业公司加强了各类资料的查阅、收集、归档工作，按部门、形式、性质等不同进行合理分类、存档，极大方便了大家查阅和利用相关材料。

四是重视参加和开展形式多样的培训活动，在积极参加股份公司组织的各类培训、学习的同时，针对公司内部的工作特点和性质定期或不定期地开展升旗仪式、安全生产、消防知识、仪容仪表、礼仪礼节、设备原理、物业规范等业务培训，使全体员工的服务意识和业务素质都得到提升。

五是细处节能降耗，明显提高管理效益。物业公司领导班子清醒地认识到在开展外向业务前，只有通过加强内部管理、加大成本监控力度，才能减少企业亏损、提高企业效益。采购工作是节能降耗的关键环节。首先物业公司实施了严格的监控制度，要求外购材料必须两人以上同行；常置易耗品必须建立供货厂家详细资料并建立长期供货关系。要求市场调查常态化，尽可能找到源头供货商。开展修旧利废活动，办公用品严格控制，废旧拖把两三个拆合成一个接着用，报废设备中能用的零件拆洗后再利用，不必开的灯不开、能少开的少开，包干区域做到人走灯熄、水停，并用奖惩规定加以约束。20××年还开展了修门窗、挂门帘等保暖措施，加装近四十部旧风机盘管和维修清扫了几百部风机盘管，增强了末端设施排风效能，大量节约了燃油。经统计，通过采取各项节能措施，全年低摊、物耗费用降低近8万元，油料减少22万元，减少办公费、洗涤费及其他费用近20万元，达到了降低成本、提高效益的目的。

除了取得了以上成绩外，我们发现还存在以下问题：一是培训工作力度欠缺。二是物业公司成立时间较短、起步低，在走向市场的发展过程经验不足。三是用人机制不灵活。在今后的工作中，要发挥优势，解决问题，为物业公司今后的发展创造更好的外部环境和内部条件，努力走好外向型发展的道路。

（2）考核时量

90分钟

28.试题编号：H2-28事务文书拟制

（1）任务描述

恒达商业公司行政助理李光收到行政总监许多发来工作备忘录，请代李光完成相关工作任务。

备忘录

发给：李光——行政助理

发自：许多——行政总监

日期：1月8日

内容：综合以下材料，拟制工作总结

恒达商业广场二期工程项目部于20××年（去年）8月组建至今，按计划完成了预定工作，基本情况如下：

1.做好了相关的组织建设工作。

2.于20××年（去年）8月底进行了基槽开挖以及水泥土桩地基处理工作。

3.顺利解决了基槽开挖过程中发现的大范围的地道问题。在基槽开挖过程中发现了大范围的地道问题时，工程部第一时间通知了公司相关领导，在公司、富昌村相关领导的组织下，会同勘察、设计等相关权威部门对地道及处理方案做了全方位的论证，方案确定后及时针对进度计划进行了调整，并制定了抢工期措施，经过精心组织和加班抢工，地道于20××年（去年）10月中旬全部处理完毕，进入正常施工阶段。

4.截至20××年（去年）12月底，1#、12#、8#、18#楼已经三层顺利结顶，2#、3#、5#、6#、9#、17#楼二层结顶，10#、11#、15#、16#楼一层结顶。

本项目工程开工时间不长，但项目部工作已走上正轨，主要表现在：

一是项目管理井然有序。1.组织建设：项目部组建后，根据工程特点和平面分布，划分了四个施工区域，分别配置了四个专业工程师，实行了项目工程师专业负责制（即：专业工程师为所辖标段内第一责任人），分别负责本区域所辖范围内的工程建设管理工作。2.目标管理：项目部在李总和安经理的领导下，负责制定了工作目标，其中安全目标是零死亡，轻伤控制在0.2%以内；进度目标是20××年4月底主体封顶，20××年7月底工程竣工交付；质量目标是完成全部的建设内容并达到"合格工程"的标准，造价控制在×××万元内。3.规章制度：目标确定后，为能实现上述工作目标，根据项目的实际情况制定了切实可行的各种规章制度，做到了凡事有章可循、凡事有据可依、凡事有监督、凡事有人管理，行为有约束、管理有依据，减少了随意性，增加了责任感，为本项目的质量、安全、进度以及造价控制提供了保障。

二是合同管理突出重点。1.注重合同对工程管理的作用，分类归档各种工程技术资料，积极协调参建各方的工作关系并处理现场问题。2.建设工程合同在工程的具体实施过程中起着非常重要的作用，对工程中的勘察、设计、施工和监理各方当事人的权利义务和责任都作了比较全面的规定。在工程建设的具体实施过程中，我部严格遵守合同，对合同中规定的质量责任、划分界限、图纸设计、工艺使用的认可和批准制度都有较好的贯彻执行。通过研究各方面提出来的与合同实施有关的问题，对涉及工程进度的有关问题及时提出解决办法并通过监理工程师去实施，必要时对施工手段、施工资源、施工组织及合同工期进行调整。

三是现场安全文明管理工作细致入微。安全文明是施工项目中不可忽略的一项工作，我部根据本工程安全文明项目管理目标，督促施工单位在施工过程中贯彻执行国务院及各部门颁发的安全规程、生产条例和规定。在实施过程中主要做如下几点工作：1.为了提升工地形象和安全文明施工，科学安排、合理调配使用施工场地，施工和管理分区，生活和管理分区，并使之与各种环境保持协调关系，要求施工单位按安全文明标化工地标准进行施工。2.督促监理工程师做好安全控制，目的是保证项目施工中没有危险、不出事故、不造成人身伤亡和财产损失。3.督促监理工程师和施工单位按照有关法规要求，使施工现场和临时用地范围内秩序井然，文明安全，环境得到保护，交通畅达，防火设施完备，场容和环境卫生均符合要求。4.协调现场各承包商、监理、设计内部各有关部门及周边工程和社区之间的关系，为工程建设创造良好的内外环境。5.定期组织安全、文明施工大检查。

四是现场管理规范严格。1.严格按图纸、合同及规范进行检验批验收。2.强化过程的质量监控，确保主体工程结构安全。

五是造价管理严格把关。

我们发现了几个值得改进和正视的问题：1.内部分工和职责有待进一步明确。2.工程部人员技术及业务素质培训可进一步加强。3.部门之间的协调、沟通还有待加强。

工程部将积极推进以项目精细管理为核心的工作体制，将"精心是态度、精细是过程、精品是结果"融入到项目管理中。

（2）考核时量

90分钟

29.试题编号：H2-29 事务文书拟制

（1）任务描述

恒达商业集团公司行政助理李光收到行政总监许多发来的工作备忘录，要求李光拟制工作总结，请代其完成。

备忘录
发给：李光
发自：许多
日期：12月1日
内容：综合以下材料，拟制专题工作总结
按照集团公司治理商业贿赂领导小组的部署，我们配合治理各种商业贿赂，专项工作

实施了 11 个月时间，从 20××年（去年）11 月下旬开始，到 20××年 10 月中旬结束，分两个阶段来进行。

第一个阶段：动员部署阶段（20××年（去年）11 月下旬—12 月上旬）。11 月 29 日，召开公司治理商业贿赂专项工作会议，统一思想，明确任务，提出工作要求，完成工作部署。各部门结合实际制定治理工作方案，明确工作要求和方法步骤，做好本单位动员部署工作。认真组织学习市委、市政府和集团公司关于开展治理商业贿赂的有关文件，把握政策要求，充分认识开展治理商业贿赂专项工作的重要性和必要性，提高了开展工作的自觉性，统一了思想认识；做好宣传工作，通过组织专题讲座，开展答题问卷等多种形式，营造了工作氛围。

第二阶段：自查自纠和依法查处阶段（20××年（去年）12 月中旬至 20××年 3 月中旬）。自查自纠工作从上年度 12 月中旬开始，到本年度 3 月中旬结束，集中开展不正当交易行为的自查自纠。根据自查阶段的发现和群众举报线索，严肃查处商业贿赂案件。以基建工程项目、大宗物品采购为切入点，组织各单位进行自查自纠。公司各门店按照分级负责原则，对所管项目负责，根据本单位的实际情况，制定切实可行的自查工作方案。查找突出问题 11 项，及时处理问题 10 余种，严肃查处商业贿赂案件 3 宗。清理工作中，在集团信息简报上发表信息稿件 6 篇，召开各类座谈会 4 次，提出整改意见 7 条。

值得肯定的方面：一是领导重视，机构健全，组建公司治理商业贿赂专项工作领导小组，公司党委书记、总经理张志任组长，党委副书记、常务副总经理罗毅任副组长，为扎实开展商业贿赂专项治理工作提供了组织保障。二是根据集团治理商业贿赂专项工作领导小组下发的《恒达商业集团公司治理商业贿赂专项工作要点》，召开了动员大会，公司全体人员、主要领导共计 56 人参加会议。会议要求一定要深刻领会各级领导部门关于治理商业贿赂重大决策的精神实质，把思想和行动统一到上级的部署和要求上来，不懈怠、不松劲，增强责任感和紧迫感，积极主动开展工作。三是部署周密，任务明确，公司组织认真学习上级文件，结合公司的实际，对治理商业贿赂专项工作进行了安排，要求各部门要根据本部门的实际制定自查自纠工作方案，确定重点内容、工作范围和要求。要加强领导，深入扎实，切实结合实际，开展工作，防止走过场。四是扎实工作，认真清理。公司在进行专题调研，掌握第一手资料后，专门召开会议，研究制定公司开展治理商业贿赂工作的实施方案。结合公司自身实际，突出了电器连锁企业的治理重点，明确了各阶段工作目标和任务，对所属公司的治理商业贿赂专项工作做出了具体部署和安排。要求对自查自纠中发现的问题，要认真分析原因，提出整改措施，落实整改责任。对发现的商业贿赂案件，要按有关规定依法处理。

存在的问题有：一是监管体系、法律制度存在漏洞，如没有举报人保护制度。二是制度不完备，处罚力度小。三是大气候、大环境不太好。

（2）考核时量

90 分钟

30.试题编号：H2-30 事务文书拟制

（1）任务描述

　　恒达商业集团公司行政助理李光收到行政总监许多发来的工作备忘录，要求李光拟制工作总结，请代其完成。

备忘录
发给：李光 发自：许多 日期：12月1日 内容：综合以下材料，拟制专题工作总结 　　为了解到市场对 HODA 品牌的认知以及消费者们的态度，制定合理的营销决策，在扎实进行了市场调研，广泛、深入进行了消费者研究的基础上，20××年，我们以品牌推广作为重点，做了不少工作： 　　1.为进一步打响HODA的品牌，扩大市场占有率，我们在四川成都、陕西西安、新疆乌鲁木齐、辽宁沈阳、吉林长春、广东广州、广西南宁以及上海市举办品牌推广会和研讨会，以宣传和扩大恒达商业品牌，扩大信息网络，创造更大市场空间，从而为实现了合同翻番奠定坚实的市场基础。 　　2.在重点或大型的工程项目竣工时，邀请到有关部门在现场举办新闻发布会，用竣工实例展示和宣传 HODA 品牌，展示恒达商业集团在行业中技术、业绩占据一流水平的事实，树立了现代商贸行业中上市公司的典范作用和领导地位，使宣传工作达到事半功倍的效果。 　　3.进一步做好广告、资料方面的宣传工作。在城市主干道及各繁华地段制作和安装大型宣传条幅或广告牌，展示企业实力；及时制作企业新的业绩和宣传资料，尽可能地提升品牌推广的深度和力度。 　　4.加强人员的专业知识培训和素质教育工作，树立良好的企业员工形象和先进的企业文化内涵，给每位与恒达商业集团人员接触的人都能留下美好而深刻的印象。 　　通过大家努力，恒达商业集团不但确立了目标受众，建立了品牌形象，提高了品牌认知度，而且带动公司步入了高速发展的快车道，实现了更快的效益增长，而且成功实现公司股票在上海证券交易所上市。 　　不足的地方：我们的品牌概念跳跃性太强，品牌概念需要更加清晰化；由于上半年预算较紧张，电视投放比例不高，知名度没有最大限度的上升，希望明年通过增加预算会有所改善；我们除世界杯赛事和各地的新闻类栏目外，在其他时事热点新闻中出现频率不高；部分主要城市户外推荐不够（如上海），我们后继工作要加强，并提高经销商的参与性。

　　（2）考核时量

　　90分钟

31.试题编号：H2-31 事务文书拟制

　　（1）任务描述
　　恒达商业集团公司行政助理李光收到行政总监许多发来的工作备忘录，要求李光拟制工作总结，请代其完成。

备忘录

发给：李光

发给：李光

发自：许多

日期：12月1日

内容：综合以下材料，拟制年度工作总结

　　董事长在一个非正式场合对20××年的工作做了简要回顾总结，在分析公司20××年运行情况时，他用四句话概括：收放基本得体、得失基本相宜、喜忧大致参半、影响着实深远。20××年，公司带着管理转型的坚定要求，坚持了正确的方向，全公司的阵列整齐，干部员工的步伐坚实；公司销售收入、利润虽未完全达标，但实现了稳健、有质量的增长，在围绕中心、改善经营、创新经营方面，公司取得了一定成果；坚持把创新管理落实到各层级、各专业职能体系中，统筹兼顾，大体实现了以阳光、规范、安全、稳健为根本标准的综合管理目标。一是在遵纪守法、诚信从业、规范运作上没有出现大问题。二是在大的经营性、资产性安全方面没有出现重大事故。三是对投资领域、往来领域做到了比较好的控制。四是负债率大幅降低。五是资产收益率大幅提高。六是全公司运行平稳，员工收入增长指标超额完成。

　　对于公司20××年存在和暴露的问题，董事长也进行了客观的分析：一是几项主要经济指标未达标；二是几家单位减（扭）亏的目标差距大；三是经营创新和发展上步履维艰，乏善可陈；四是管理转型没有达到预期进度，推进不平衡。

　　出现这些问题，他认为主要是客户对公司现有产品的认识存在严重不足，我们对消费者的需求不够了解。任何一个环节的缺失，功能的夸大与缩小都是不应该的。本公司要面对的都是挑剔的消费者，如果在向其客户宣传的过程中出现了任何的差错，将直接影响到企业的形象和消费者的信任。

（2）考核时量

90分钟

32.试题编号：H2-32 法定公文拟制

（1）任务描述

恒达超市行政助理李光收到行政总监许多发来工作备忘录，请代李光完成相关工作任务。

备忘录

发给：李光——行政秘书

发自：许多——行政总监

日期：5月28日

内容：综合以下材料，拟制并发放会议通知

　　家乐福、沃尔玛等国际零售巨头进驻长沙并迅速扩张，给湖南本土零售企业带来了巨大压力。湖南商会零售分会认为，恒达、家润多、步步高等湖南本土零售企业应该联合起来，共同探讨营销工作。湖南商会决定由零售分会理事长单位恒达超市承办召开一次湖南零售企业营销专题研究会，总结交流突破现有难关、谋求企业优良发展的经验；并树立优秀典型，表彰一批在营销工作中取得显著成绩的超市门店和营销标兵；研究在新形势下，进一步加强本土零售企业建设的任务、对策和措施。

会议定于 6 月 18 日至 19 日在恒达超市办公楼 8 楼会务大厅召开。湖南商会相关负责人，湖南商会零售分会负责人，湖南商会零售分会各会员单位营销经理、优秀门店代表、营销标兵，以及恒达超市所有门店店长近 80 人参加会议。要求参会者于 17 日下午 3 点到 18 日早上 9 点在恒达超市办公楼 6 楼 606 室报到，18 日上午 9 点会议正式开始。会务组统一安排食宿，费用自理。各大超市在 6 月 8 日前须统一将参会人员姓名、职务、性别等信息回执给会务组以便安排会务工作。会务组联系人及联系方式：陈笑电话：×××××××,孙晓电话：×××××××,传真号：×××××××,会务组电子邮箱：×××@163.com

（2）考核时量

90 分钟

33.试题编号：H2-33 法定公文拟制

（1）任务描述

恒达商业集团行政助理李光收到行政总监许多发来工作备忘录，请代李光完成相关工作任务。

备忘录
发给：李光——行政助理
发自：许多——行政总监
日期：4 月 2 日
内容：综合以下材料，拟制并发放通知
恒达商业集团鹏程俱乐部自对外开放以来，各项业务发展迅速，知名度和美誉度进一步提升，会员客户数量剧增。俱乐部现有网球、羽毛球、游泳池等场馆的容客压力和管理难度明显增加。为了加强管理，保证泳池卫生和游泳者的身体健康，并缓解游泳池容客压力，俱乐部决定游泳池于 20×× 年 6 月 1 日开始实行凭证入场制度，恒达商业集团员工游泳也需凭证入场。
为方便员工，俱乐部将专门针对集团员工进行一次集中办证。客服肖亚具体负责职工游泳证办理事宜。办证时间是 5 月 20 日至 25 日 8：00—16：00，地点是俱乐部 8 楼 808 房。办游泳证需出具县级以上医院体检健康证明，不受理个人办证，集团各所属单位统一收齐办证者的健康证明、证件工本及手续费（每人 5 元）、小一寸免冠照片 1 张，造表登记，并加具公章，派专人到俱乐部办理。
家属可凭身份证、健康证在游泳池办理临时游泳证。

（2）考核时量

90 分钟

34.试题编号：H2-34 法定公文拟制

（1）任务描述

恒达商业集团行政助理李光收到行政总监许多发来工作备忘录，请代李光完成相关工作任务。

备忘录
发给：李光——行政助理
发自：许多——行政总监
日期：11月12日
内容：综合以下材料，拟制并发放通知
集团在20××年业绩再创历史新高：销售量同比20××年（去年）增长49%，销售额同比增长60%。优秀的人才队伍不断壮大，产品质量和客户满意度也大幅上升。为对全体员工一年来辛勤付出表示感谢和慰问，丰富广大职工的业余文化生活，让广大一线员工共享恒达的经济发展成果，更好促进公司企业文化建设，提高公司的凝聚力和向心力，增强员工的归属感和荣誉感，推进公司又好又快发展，在新年到来之际，公司党委、工会、团委和办公室拟联合主办一场以"激情恒达，和谐恒达"为主题的大型文艺晚会，全体员工（包括一线员工）参与，让员工感受到恒达大家庭的温馨和谐。经商议，晚会由办公室和团委具体承办，时间拟定在20××年（明年）1月6日，公司年终总结表彰大会之后。为提高员工的参与热情，节目尽可能由员工自编自演。 　　为保证晚会节目水准，将在20××年11月20日至12月10日，面向全公司征集晚会节目。个人或集体节目均可报名参加，鼓励一线员工参与，鼓励以集体节目为主，鼓励多报节目。节目形式可以多种多样，比如歌、舞、曲艺、器乐、朗诵、相声、小品、话剧等员工喜爱的形式均可，鼓励自编自演。节目内容要求展现恒达公司企业文化、员工积极向上的精神面貌和工作状态，内容健康、贴近生活，符合晚会主题，符合演出气氛。参演节目以各分公司工会为单位上报，用电子邮件形式将《节目征集报名表》发至总公司工会邮箱zgsgh@163.com，总公司工会、团委、办公室负责统一选拔，具体选拔时间待定。 　　各分公司工会要做好宣传和组织工作，鼓励广大员工多报节目，积极参与。

（2）考核时量

90分钟

35.试题编号：H2-35 法定公文拟制

（1）任务描述

恒达集团公司行政助理李光收到行政总监许多发来工作备忘录，请代李光完成相关工作任务。

备忘录
发给：李光——行政助理
发自：许多——行政总监
日期：4月20日
内容：拟制通知，要求进一步提高安全生产意识，加强安全生产工作
4月12日上午8时30分左右，公司所属恒达化工厂成品车间后处理工段油气管道爆炸起火，造成直接和间接经济损失20多万元，1人轻伤。事故原因为管道油气泄漏，泄漏

点现场的施工碰撞引起高热，引发爆炸。所幸当时有人迅速关闭喷胶阀门、油气分层罐手阀、蒸汽总阀，并用干粉灭火器扑救，避免了火势的进一步蔓延和更大爆炸事故的发生。

事故引起了总公司高度重视，要求办公室立即下发通知，重申要认真落实《国务院关于进一步加强企业安全生产工作的通知》（国发〔20××〕23 号）精神，要求各分公司进一步提高安全意识，切实做好各项安全生产工作，确保从业人员生命财产安全。要求各级领导要高度重视，企业主要负责人要切实担负起安全生产工作的领导责任；组织力量深入安全生产重点部位开展监督检查，针对薄弱环节，制定严密的防范措施；各生产经营单位要全面落实安全生产的主体责任，进一步强化各项安全措施；加强对设备设施的安全检查和维修，及时消除安全隐患；对因领导不力，组织失误，措施不到位而导致安全生产事故的，要严肃追究有关人员的责任。各单位要开展自查，加强安全生产排查，对不符合安全作业条件的，即刻停工整改。制订应急预案及措施，重点单位要落实 24 小时值班制度和领导带班制度，确保通信畅通，值班人员不得擅离职守，有关领导要随时掌握项目的安全生产状况。遇异常情况或突发事件，要在第一时间启动应急预案，妥善处置，并向总公司报告。

请根据总公司意图，拟制通知，以正式文件形式下发各分公司、总公司各部门。

（2）考核时量

90 分钟

36.试题编号：H2-36 法定公文拟制

（1）任务描述

恒达商业集团公司行政助理李光收到行政总监许多发来的工作备忘录，请代李光完成相关工作任务。

备忘录
发给：李光 发自：许多 日期：6 月 16 日 内容：综合以下材料，撰写以成立信息工作领导小组为主题的通知 　　20××年，公司工作重心是要积极推动管理转型更进层次，创新经营管理，做好自身"两化"建设，我们一定要动员行政办公系统负责信息工作的行政助理紧紧围绕公司各阶段中心工作，充分利用好集团的《恒达报》和集团"爱尚恒达"网络平台，撰写信息稿件，全面及时准确地报送高质量信息，为公司工作和领导决策服务，踊跃参与企业文化建设，及时宣传报道本公司各业态涌现出的先进事迹。对涌现出来的先进单位和个人，在年底进行表彰、奖励。 　　经过研究，我们决定成立集团公司信息工作领导小组，组长由董事长王成兼任，副组长由总经理张山担任，成员除我本人以外，加上各公司总经理，领导小组下设办公室，由我兼任办公室主任，办公室设在行政事业部，联系人就由你来担任。 　　这个领导小组的主要工作职责应该要包括确立年度的信息目标、制订年度的信息工作计划、考核各部门的信息工作完成的情况、评审出年度的信息工作先进单位与先进的个人等内容，请你再适当进行一些补充、完善。

（2）考核时量

90分钟

37.试题编号：H2-37 事务文书拟制

（1）任务描述

恒达商业集团公司行政助理李光收到行政总监许多发来的工作备忘录，要求李光编制工作简报，请代其完成。

备忘录

发给：李光

发自：许多

日期：12月1日

内容：编制新一期工作简报

（一）

由于长沙市绕城高速、沪昆高铁以及市政工程施工，进入同升湖的路段不断有载重渣土车出入，造成路面长时间坑坑注注，遇雨泥泞不堪，对酒店经营造成很大影响，有些原本打算将业务放到恒达山庄酒店的团队因路面难行而放弃。

尽管酒店多次派人修路，但春无三日晴，马路修补以后经过雨水反复冲洗，又恢复了原状，所以酒店隔三差五就要修补马路。

在20××年工作计划中，酒店已将修路列入其中，行政层明确提出各部门要密切关注外部道路的变化情况，在不投入资金的原则下，组织员工利用路边沙石就地取材，自行修补，保持道路畅通。

总经理肖兵不仅多次对员工修路的辛勤付出表示慰问，6月10日还亲临现场指挥，制定修补方案。蒙蒙细雨中，肖兵总经理带领员工们在泥泞中来回奔忙，鞋子、裤子都溅满了泥水。员工们都被他的激情感染，大家干得热火朝天，很快将路面填补平整。

看着风雨中忙碌的山庄酒店员工，周边的群众和来往的客人纷纷称赞不已。有的客人表示，恒达山庄酒店的员工能够这样，只要有会议，我们仍然会选择恒达山庄。

（二）

6月29日下午，一场高尔夫捡球大赛在恒达山庄酒店高尔夫球场上演。高尔夫球场周围是一片山林，客人们打球的时候不慎将球打入丛林杂草中就很难找回，上半年因此丢失1000个左右的球，于是人力资源部组织了此次捡球比赛，每个部门派出5人参赛。在各部门的共同努力下，共捡回高尔夫球900个，以单价4元计算的话，一共为酒店挽回了3600元经济损失。

（2）考核时量

90分钟

38.试题编号：H2-38 事务文书拟制

（1）任务描述

恒达工程公司行政助理李光收到行政总监许多发来工作备忘录，请代李光完成相关工作任务。

备忘录
发给：李光——行政助理 发自：许多——行政总监 日期：7月20日 内容：编制简报，报道总公司领导调研有关情况 　　7月19日，恒达集团总公司罗新苗副总裁、张英普副巡视员与经营安全处周文达处长、周磊副处长一行来恒达工程公司调研。 　　公司总经理顾长民接待调研团，并进行了工作汇报，听取了两位总公司领导的指导性意见。概括起来有以下几件事： 　　①顾长民总经理代表恒达工程公司领导班子向调研组汇报了上半年经营状况和目标任务完成情况以及公司的制度建设、安全生产以及公务用车等情况； 　　②顾长民总经理就"改革改制及总公司对工程公司的考核办法"提出了意见和建议； 　　③顾长民总经理感谢罗副总裁、张副巡视员一行来恒达工程公司调研指导工作； 　　④顾长民总经理表示，恒达工程公司将按照调研组的意见和建议改进工作，为全公司的改革和发展做出应有的贡献； 　　⑤罗副总裁、张副巡视员对公司半年来的工作表示肯定，认为恒达工程公司领导班子具有较强的凝聚力、向心力，恒达工程公司的员工很有战斗力，为恒达商业广场二期工程、三期工程的建设做出了突出贡献，总公司领导和全体职工都很满意； 　　⑥调研组要求公司在管理上要加强制度建设，严格制定和执行各种规章制度，确保公司制度化、规范化运行。 　　⑦调研组要求公司要加强工程监管，特别是质量和安全上不能出任何问题。 　　⑧两位总公司领导还就恒达商业广场二期工程的管理和恒达工程公司的改革发展提出了意见和建议。

（2）考核时量

90分钟

39.试题编号：H2-39事务文书拟制

（1）任务描述

恒达集团公司行政助理李光收到行政总监许多发来工作备忘录，请代李光完成相关工作任务。

备忘录
发给：李光——行政助理 发自：许多——行政总监 日期：6月12日 内容：编制简报，传递二期工程信息 　　近期，公司领导和全体职工都高度关注恒达商业广场二期工程建设。在"二期工程指

挥部"的统筹管理下，公司工程管理人员精心监管，设计单位、监理单位、施工单位密切配合，工程正按原计划正常推进。

据工地反馈，工程现状令人满意：工程现场机械运行、材料供应正常，人员充足，工作状态良好，安全、工程质量处于受控状态。

工地报来的工程进度如下：

①恒达产品展销中心 A 段一层砼（混凝土）浇筑；B 段一层梁板钢筋绑扎完成 90%，墙体模板安装完成 90%；C 段一层梁板模板完成 70%，墙体钢筋完成绑扎；D 段梁板模板安装完成 50%，墙柱钢筋安装完成 90%。

②科研设计综合楼西段 17 层砼、钢筋机械连接，电渣压力焊，脚手架搭架；东 16 层梁钢筋绑扎，17 层梁钢筋制作，16 层梁板、墙、梯模板安装。

（2）考核时量

90 分钟

40.试题编号：H2-40 事务文书拟制

（1）任务描述

恒达工程公司行政助理李光收到行政总监许多发来工作备忘录，请代李光完成相关工作任务。

备忘录
发给：李光——行政助理 发自：许多——行政总监 日期：6 月 13 日 内容：综合以下材料，编制工作简报 党风廉政建设是总公司近来的工作重点之一。 6 月 12 日上午，总公司纪检组长许军同志带队对恒达工程公司上半年党风廉政建设责任制落实情况进行检查和指导，并看望和慰问恒达工程公司全体员工。 公司总经理顾长民、书记徐建锋接待许组长一行，并进行了工作汇报，听取了总公司领导的指导性意见。概括起来有以下几件事： ①恒达工程公司书记徐建锋同志向检查指导组汇报了公司 20×× 年上半年党风廉政建设责任制情况。20×× 年上半年，恒达工程公司从恒达商业广场二期工程管理入手，狠抓党风廉政建设，以严格招标采购程序为契机，以开展廉洁自律教育活动为平台，以"东区标志工程、廉洁清白工程、惠民务实工程、百年放心工程"为目标，全面推动了恒达工程公司党风廉政建设和各项工作的开展。 ② 顾长民总经理代表恒达工程公司领导班子感谢许组长和总公司领导对恒达工程公司的关爱，表示会谨记总公司领导的鼓励和鞭策，认真贯彻许军组长的重要指示，开展好廉洁自律教育活动，远离腐败，长抓不懈地落实好党风廉政建设工作。 ③许组长对恒达工程公司的党风廉政建设工作给予了充分的肯定，对恒达工程公司创新性的廉政建设思路给予了高度赞赏。他指出，恒达工程公司是总公司主管房地产开发的业务部门，任务重，管理难度大，公司不仅在工程建设方面取得了明显成效，在廉政建设方面也做得很好，领导重视，抓住重点，制度完善，监督有利，有思路、有措施、有创

新，很好地落实了 20××年党风廉政建设责任制。

④许组长强调，恒达工程公司的主要工作是工程建设，工程建设领域又是容易滋生腐败的重点领域，他希望公司领导班子能继续把廉政工作抓好，把纪检监察工作的要点落实好，真正实现"东区标志工程、廉洁清白工程、惠民务实工程、百年放心工程"的目标。

（2）考核时量

90 分钟

模块三 文书与档案

1.试题编号：H3-1 文书处理

（1）任务描述

恒达集团公司行政助理李光收到行政总监许多发来的备忘录：

备忘录
发给：李光
发自：许多
日期：11 月 10 日
内容：确定公司文件签发人
前段时间，我们共同编制了《恒达电器公司赢在六月专题营销计划》。为了让公司文书处理工作逐渐规范化，请说明确定文书签发人资格的具体依据与要求，并结合企业实际确定此份文件的签发人应该是谁。以便条的形式答复。

（2）考核时量

30 分钟

2.试题编号：H3-2 文书处理

（1）任务描述

恒达集团公司行政助理李光收到行政总监许多发来的备忘录：

备忘录
发给：李光
发自：许多
日期：11 月 10 日
内容：说明文书分办相关事宜
新入职秘书小刘负责公司文书分办工作，可是面对各种各样的文书，她不知道如何进行分类。请向她说明文书分办的基本内涵，以及分办时的具体操作要领。以便条的形式告知她。

（2）考核时量

30 分钟

3.试题编号：H3-3 文书处理

（1）任务描述

恒达集团公司行政助理李光收到行政总监许多发来的备忘录：

<table>
<tr><td colspan="2" align="center">备忘录</td></tr>
<tr><td colspan="2">发给：李光</td></tr>
<tr><td colspan="2">发自：许多</td></tr>
<tr><td colspan="2">日期：11 月 10 日</td></tr>
<tr><td colspan="2">内容：说明公文复核具体内容</td></tr>
<tr><td colspan="2">　　请示定稿经总经理签批后，印发前对公文进行复核的具体内容是什么？《党政机关公文格式》是怎样规定的？以便条的形式回复。</td></tr>
</table>

（2）考核时量

30 分钟

4.试题编号：H3-4 文书处理

（1）任务描述

恒达集团公司行政助理李光收到行政总监许多发来的备忘录：

<table>
<tr><td colspan="2" align="center">备忘录</td></tr>
<tr><td colspan="2">发给：李光</td></tr>
<tr><td colspan="2">发自：许多</td></tr>
<tr><td colspan="2">日期：11 月 10 日</td></tr>
<tr><td colspan="2">内容：说明发文办理程序的具体规定</td></tr>
<tr><td colspan="2">　　公司文书处理工作需要逐步规范化、制度化、科学化，现行《党政机关公文处理工作条例》对发文办理程序是怎样规定的？具体操作要求是什么？请以便条的形式说明。</td></tr>
</table>

（2）考核时量

30 分钟

5.试题编号：H3-5 文书处理

（1）任务描述

恒达集团公司行政助理李光收到行政总监许多发来的备忘录：

<table>
<tr><td colspan="2" align="center">备忘录</td></tr>
<tr><td colspan="2">发给：李光</td></tr>
<tr><td colspan="2">发自：许多</td></tr>
<tr><td colspan="2">日期：11 月 10 日</td></tr>
<tr><td colspan="2">内容：设计文件传阅单</td></tr>
<tr><td colspan="2">　　公司文书处理工作需要逐步规范化、制度化、科学化，为了更好地规范公司的办文程序，做好文件传阅工作，请为公司设计一个文件传阅单。</td></tr>
</table>

（2）考核时量

30 分钟

6.试题编号：H3-6 文书处理

（1）任务描述

恒达集团公司行政助理李光收到行政总监许多发来的备忘录：

备忘录

发给：李光

发自：许多

日期：11 月 10 日

内容：说明文书校对方法与操作要领

文书校对方式有哪些方法？具体怎么操作？请以便条的形式说明。

（2）考核时量

30 分钟

7.试题编号：H3-7 文书处理

（1）任务描述

恒达集团公司行政助理李光收到行政总监许多发来的备忘录：

备忘录

发给：李光

发自：许多

日期：11 月 10 日

内容：说明文书校对的具体内容

校对是发文办理的重要环节之一，文书校对的具体内容有哪些？请以便条的形式具体说明。

（2）考核时量

30 分钟

8.试题编号：H3-8 文书处理

（1）任务描述

恒达集团公司行政助理李光收到行政总监许多发来的备忘录：

备忘录

发给：李光

发自：许多

日期：11 月 10 日

内容：具体说明文书签发前应重点审核的内容

总经理咨询，他签发公司专题营销计划前，应该审核哪些重点内容？请以便条的形式说明。

（2）考核时量

30 分钟

9.试题编号：H3-9 文书处理

（1）任务描述

恒达集团公司行政助理李光收到行政总监许多发来的备忘录：

备忘录
发给：李光
发自：许多
日期：11 月 10 日
内容：具体说明上级简报处理工作要领
新入职秘书小张咨询，收到总公司发出的简报以后，他们分办时是否需要履行登记、签字手续？是采用直接传递方式还是机要人员传递方式？请以便条的形式答复他，并说明理由。

（2）考核时量

30 分钟

10.试题编号：H3-10 文书处理

（1）任务描述

恒达集团公司行政助理李光收到行政总监许多发来的备忘录：

备忘录
发给：李光
发自：许多
日期：11 月 10 日
内容：具体说明简报校对相关事宜
文书校对方式有四种，在公司人手有限的情况下，请以便条形式说明校对简报时可以采用哪些校对方式？说明相应的操作要领。

（2）考核时量

30 分钟

11.试题编号：H3-11 文书处理

（1）任务描述

恒达集团公司行政助理李光收到行政总监许多发来的备忘录：

备忘录
发给：李光
发自：许多

日期：11 月 10 日

内容：说明发文核发的含义与审核的具体内容

《党政机关公文处理工作条例》在发文程序中规定的一个核发程序，其含义是什么？规定需要审核的因素有哪些？请用便条的形式回复我。

（2）考核时量

30 分钟

12.试题编号：H3-12 文书处理

（1）任务描述

恒达集团公司行政助理李光收到行政总监许多发来的备忘录：

备忘录

发给：李光

发自：许多

日期：11 月 10 日

内容：说明《条例》对公文印制的具体规定

《党政机关公文处理工作条例》对公文印制环节做了哪些具体规定？请用便条的形式回复我。

（2）考核时量

30 分钟

13.试题编号：H3-13 文书处理

（1）任务描述

恒达集团公司行政助理李光收到行政总监许多发来的备忘录：

备忘录

发给：李光

发自：许多

日期：11 月 10 日

内容：说明公文标注紧急程度的含义与方法

公文加上紧急程度后有何不同？如果要把一份通知标上紧急程度，可以怎样标注？请以便条的形式回复我。

（2）考核时量

30 分钟

14.试题编号：H3-14 文书处理

（1）任务描述

恒达集团公司行政助理李光收到行政总监许多发来的备忘录：

备忘录

发给：李光

发自：许多

日期：11 月 10 日

内容：说明公司公文传阅工作程序设计要领

参照《党政机关公文处理工作条例》相关规定，公司公文传阅工作程序应该怎样设计？请用便条的形式回复我。

（2）考核时量

30 分钟

15.试题编号：H3-15 文书处理

（1）任务描述

恒达集团公司行政助理李光收到行政总监许多发来的备忘录：

备忘录

发给：李光

发自：许多

日期：11 月 10 日

内容：说明公文密级编制方法

参照《党政机关公文处理工作条例》，公司公文秘密等级应该怎样编制？请用便条的形式回复我。

（2）考核时量

30 分钟

16.试题编号：H3-16 文书处理

（1）任务描述

恒达集团公司行政助理李光收到行政总监许多发来的备忘录：

备忘录

发给：李光

发自：许多

日期：11 月 10 日

内容：说明《条例》对通报适用范围的具体规定

《党政机关公文处理工作条例》哪一条款具体规定了通报的适用范围？这些规定的具体内容是什么？请用便条的形式回复我。

（2）考核时量

30 分钟

17.试题编号：H3-17 文书处理

（1）任务描述

恒达集团公司行政助理李光收到行政总监许多发来的备忘录：

备忘录
发给：李光
发自：许多
日期：11 月 10 日
内容：说明《条例》对拟办工作程序的具体规定
《党政机关公文处理工作条例》对公文拟办工作程序有哪些具体规定？请用便条的形式回复我。

（2）考核时量

30 分钟

18.试题编号：H3-18 文书处理

（1）任务描述

恒达集团公司行政助理李光收到行政总监许多发来的备忘录：

备忘录
发给：李光
发自：许多
日期：11 月 10 日
内容：说明《条例》对公文成文时间的具体规定
公文成文日期是不是指文件最后修改定稿的日期？《党政机关公文处理工作条例》哪一条款对此做出了具体规定？是怎样规定的？请以便条发形式告知。

（2）考核时量

30 分钟

19.试题编号：H3-19 文书处理

（1）任务描述

恒达集团公司行政助理李光收到行政总监许多发来的备忘录：

备忘录
发给：李光
发自：许多
日期：11 月 10 日
内容：说明函的适用范围
《党政机关公文处理工作条例》对函的适用范围有哪些具体规定？请用便条的形式回复我。

（2）考核时量

30 分钟

20.试题编号：H3-20 文书处理

（1）任务描述

恒达集团公司行政助理李光收到行政总监许多发来的备忘录：

备忘录
发给：李光
发自：许多
日期：11 月 10 日
内容：说明《条例》对文件份号的具体规定
文件份号的具体内涵是什么？《党政机关公文处理工作条例》对标注文件份号有哪些具体规定？是不是公司制发的每一份文件都必须标注份号？请用便条的形式回复我。

（2）考核时量

30 分钟

21.试题编号：H3-21 文书处理

（1）任务描述

恒达集团公司行政助理李光收到行政总监许多发来的备忘录：

备忘录
发给：李光
发自：许多
日期：11 月 10 日
内容：说明公文种类有关事项
《党政机关公文处理工作条例》对公文种类是如何规定的？其中，适合本公司发文时使用的主要有哪些？请以便条的形式告知。

（2）考核时量

30 分钟

22.试题编号：H3-22 文书处理

（1）任务描述

恒达集团公司行政助理李光收到行政总监许多发来的备忘录：

备忘录
发给：李光
发自：许多
日期：11 月 10 日

内容：说明公文抄送的有关事项

《党政机关公文处理工作条例》哪一条款规定了公文抄送的内涵？其含义是什么？有哪些具体标注要领？请以便条的形式告知。

（2）考核时量

30分钟

23.试题编号：H3-23 文书处理

（1）任务描述

恒达集团公司行政助理李光收到行政总监许多发来的备忘录：

备忘录
发给：李光
发自：许多
日期：11月10日
内容：说明《条例》对行文原则的具体规定
人们常用"文山会海"的"文山"来讽刺文牍主义。要避免这种倾向，《党政机关公文处理工作条例》哪一条款规定了行文的整体原则？这些原则的具体内容是什么？这些原则是否适用于公司文书工作？为什么？请以便条的形式告知。

（2）考核时量

30分钟

24.试题编号：H3-24 文书处理

（1）任务描述

恒达集团公司行政助理李光收到行政总监许多发来的备忘录：

备忘录
发给：李光
发自：许多
日期：11月10日
内容：说明《条例》对行文规则的具体规定
《党政机关公文处理工作条例》哪一条款规定了行文规则？其具体内容是什么？请用便条的形式回复我。

（2）考核时量

30分钟

25.试题编号：H3-25 文书处理

（1）任务描述

恒达集团公司行政助理李光收到行政总监许多发来的备忘录：

备忘录

发给：李光

发自：许多

日期：11 月 10 日

内容：请说明催办工作程序

为提高文书工作效率，公司拟建立文书催办制度。请你参照有关规定制定本公司催办工作程序，明确相关操作要领，以便条的形式进行说明。

（2）考核时量

30 分钟

26.试题编号：H3-26 文书处理

（1）任务描述

恒达集团公司行政助理李光收到行政总监许多发来的备忘录：

备忘录

发给：李光

发自：许多

日期：11 月 10 日

内容：说明建立文书承办制度有关事项

公司拟建立文书承办制度，应从哪些方面进行规范？请将操作要领以便条的形式进行说明。

（2）考核时量

30 分钟

27.试题编号：H3-27 文书处理

（1）任务描述

恒达集团公司行政助理李光收到行政总监许多发来的备忘录：

备忘录

发给：李光

发自：许多

日期：11 月 10 日

内容：设计一份发文审批笺

请为本公司设计一份发文审批笺。

（2）考核时量

30 分钟

28.试题编号：H3-28 文书处理

（1）任务描述

恒达集团公司行政助理李光收到行政总监许多发来的备忘录：

备忘录

发给：李光

发自：许多

日期：11 月 10 日

内容：设计一份收文处理单

　　请为公司设计一份收文处理单。

　　（2）考核时量

30 分钟

29.试题编号：H3-29 文书处理

　　（1）任务描述

　　恒达集团公司行政助理李光收到行政总监许多发来的备忘录：

备忘录

发给：李光

发自：许多

日期：11 月 10 日

内容：说明公文签收工作程序与相关操作要领

　　近期拟对公司新进秘书人员进行收文办理培训，请说明收文工作中签收环节的工作程序与相关操作要领，以便条的形式告知几位新进秘书。

　　（2）考核时量

　30 分钟

30.试题编号：H3-30 文书处理

　　（1）任务描述

　　恒达集团公司行政助理李光收到行政总监许多发来的备忘录：

备忘录

发给：李光

发自：许多

日期：11 月 10 日

内容：说明封发环节的工作程序与操作要领

　　近期拟对公司新进秘书人员进行文书办理工作培训，请说明封发环节的工作程序与相关操作要领，以便条的形式告知几位新进秘书。

　　（2）考核时量

30 分钟

31.试题编号：H3-31 档案管理

　　（1）任务描述

恒达集团公司行政助理李光收到行政总监许多发来的备忘录：

备忘录
发给：李光
发自：许多
日期：11 月 10 日
内容：说明档案分类方法
实际工作中，档案员很少采用单一方法对档案进行分类，他们采用的档案分类方法叫什么？具体种类有哪些？请整理后发到我的电子邮箱（电子邮箱：12345@163.com）。

（2）考核时量

30 分钟

32.试题编号：H3-32 档案管理

（1）任务描述

恒达集团公司行政助理李光收到行政总监许多发来的备忘录：

备忘录
发给：李光
发自：许多
日期：11 月 10 日
内容：说明档案立卷"件"的内涵
按规定，请示立卷时，要以"件"为单位立卷。这里的"件"是不是指这一份请示文件？为什么？请具体说明"件"的内涵，整理后发到我的电子邮箱（电子邮箱：12345@163.com）。

（2）考核时量

30 分钟

33.试题编号：H3-33 档案管理

（1）任务描述

恒达集团公司行政助理李光收到行政总监许多发来的备忘录：

备忘录
发给：李光
发自：许多
日期：11 月 10 日
内容：说明文书立卷程序与操作要领
按规定，文书立卷的程序是怎样的？各程序具体操作要领是什么？请整理后发到我的电子邮箱（电子邮箱：12345@163.com）。

（2）考核时量

30 分钟

34.试题编号：H3-34 档案管理

（1）任务描述

恒达集团公司行政助理李光收到行政总监许多发来的备忘录：

备忘录
发给：李光
发自：许多
日期：11 月 10 日
内容：说明电子文件归档相关事宜
电子文件归档应当按怎样的步骤进行？要保证已归档电子文件方便今后查找、利用，需考虑哪些技术因素？请整理后发到我的电子邮箱（电子邮箱：12345@163.com）。

（2）考核时量

30 分钟

35.试题编号：H3-35 档案管理

（1）任务描述

恒达集团公司行政助理李光收到行政总监许多发来的备忘录：

备忘录
发给：李光
发自：许多
日期：11 月 10 日
内容：说明归档范围相关事宜
本公司形成的营销工作专题计划，是否同时属于总公司、各子公司、各门店的归档范围？请说明具体操作规范。请整理后发到我的电子邮箱（电子邮箱：12345@163.com）。

（2）考核时量

30 分钟

36.试题编号：H3-36 档案管理

（1）任务描述

恒达集团公司行政助理李光收到行政总监许多发来的备忘录：

备忘录
发给：李光
发自：许多
日期：11 月 10 日
内容：说明档案保存期限的具体规定
请说明档案保存期限的具体规定，整理后发到我的电子邮箱（电子邮箱：12345@163.com）。

（2）考核时量

30分钟

37.试题编号：H3-37 档案管理

（1）任务描述

恒达集团公司行政助理李光收到行政总监许多发来的备忘录：

备忘录
发给：李光
发自：许多
日期：11月10日
内容：说明档案分类的方法
常用的档案分类方法有哪些？请整理后发到我的电子邮箱（电子邮箱：12345@163.com）。

（2）考核时量

30分钟

38.试题编号：H3-38 档案管理

（1）任务描述

恒达集团公司行政助理李光收到行政总监许多发来的备忘录：

备忘录
发给：李光
发自：许多
日期：11月10日
内容：说明档案室柜架摆放的具体要求
接总公司通知，各分公司都要建立专门的档案室。请说明档案室柜架摆放的具体要求，请整理后发到我的电子邮箱（电子邮箱：12345@163.com）。

（2）考核时量

30分钟

39.试题编号：H3-39 档案管理

（1）任务描述

恒达集团公司行政助理李光收到行政总监许多发来的备忘录：

备忘录
发给：李光
发自：许多
日期：11月10日
内容：说明档案室柜架编号相关事宜

目前公司档案室柜架编号比较混乱，应当如何纠正？请用电子邮件回复（电子邮箱：12345@163.com）。

（2）考核时量

30分钟

40.试题编号：H3-40 档案管理

（1）任务描述

恒达集团公司行政助理李光收到行政总监许多发来的备忘录：

备忘录
发给：李光
发自：许多
日期：11月10日
内容：说明档案室温度和湿度相关事宜
档案保管员小刘提出两个问题，档案室为什么要注意保持一定的温度和湿度？保管一般纸质档案在温度和湿度方面的具体规定是什么？请整理后发到我的电子邮箱（电子邮箱：12345@163.com）。

（2）考核时量

30分钟

模块四　会议组织与服务

1.试题编号：H4-1 会议筹备、会中服务

（1）任务描述

你是恒达商业集团旗下的恒达会议会展服务有限公司的行政助理李光，下面是行政经理许畅发来的工作备忘录。

备忘录
发给：李光——行政助理
发自：许畅——行政经理
日期：10月28日
内容：办会
某公司工会研究决定，将于11月10日至12日，在总公司俱乐部召开第六届职工代表大会。
该会要总结上届工会委员会的工作，选举产生下届工会委员会，并研究在任职期内，如何根据新形势、新任务开展工会工作。
会议筹备期间，需要秘书组总结上届工会委员会的工作，并起草下届工会委员会工作规划。出席会议的代表共80人，会议筹备阶段必须完成与会代表的选举工作，具体与会人员的名单必须到位。
会议的形式是大会与小会相结合。开幕式与闭幕式是大会，开幕式会有党委书记明磊

讲话，闭幕式会有主管工会工作的李向明书记讲话。讨论分大会与小会两种形式，小会是分小组讨论，小会上要选出代表在大会上就下届的工会工作发言。

与会代表统一安排在总公司招待所住宿，标准50元/（人·天），伙食标准80元/（人·天），自助餐形式。12日晚上安排会餐，会餐标准400元/桌。该公司车队将派出两辆大轿车供会议使用，200元/（人·车）。

（题干中未明确的内容、数据请自己补足信息，除人名或单位名称外，其余信息不可用"××"代替）

以下是要求你完成的相关工作任务：

①会议筹备：根据以上备忘录提供的背景信息，拟制一份会议筹备方案。

②会中服务：如何做好会议领导与嘉宾的引领工作，请以便条的形式答复。

（2）考核时量

90分钟

2.试题编号：H4-2 会议筹备、会中服务

（1）任务描述

你是恒达商业集团旗下的恒达会议会展服务有限公司的行政助理李光，下面是行政经理许畅发来的工作备忘录。

备忘录
发给：李光——行政助理 发自：许畅——行政经理 日期：3月28日 内容：办会 湖南省教育厅主办、某校承办的湖南省高职院校校园文化艺术研究会定于4月14至15日在该校召开。与会领导主要有教育厅副厅长王某、教育厅职成处处长张某，与会人员主要是全省各高职院校分管学生工作的副校长和学工处（团委）负责人，邀请的嘉宾是省内研究高校思政工作、湖湘文化与音体美专业的专家。研究会的主题是"自由、发展、创新"，会议内容有三个方面：成立大会，分主题讲座与讨论，观看该校第五届校园文化艺术节文艺汇演。大会预计100人规模，会务费400元/人，住宿费用自理。会议初步安排如下：14日上午报到，14日下午是成立大会，15日上午是主题讲座与讨论，15日下午是闭幕式暨某校校园文化艺术节文艺汇演。餐饮标准是80元/（人·天）。专家讲座费用预计8000元。 （题干中未明确的内容、数据请自己补足信息，除人名或单位名称外，其余信息不可用"××"代替） 以下是要求你完成的相关工作任务： ①会议筹备：根据以上备忘录提供的背景信息，拟制校园文化艺术研究会的筹备方案。 ②会中服务：对会议记录有何要求，请以便条的形式汇报。

（2）考核时量

90分钟

3.试题编号：H4-3 会议筹备、会中服务

（1）任务描述

你是恒达商业集团旗下的恒达会议会展服务有限公司的行政助理李光，下面是行政经理许畅发来的工作备忘录。

备忘录
发给：李光——行政助理
发自：许畅——行政经理
日期：3月28日
内容：办会
为保护消费者合法权益，维护长沙卷烟厂代理商的经济利益，提升代理商专卖管理岗位的职业技能，长沙卷烟厂定于4月2日至3日召开卷烟产品鉴别检验会。会议邀请了省烟草专卖局人劳处处长王某、专卖处处长李某、质量监督检测站站长张某、职业技能鉴定站副站长何某作为嘉宾参加会议，参会人员主要是卷烟厂的代理商及其专卖管理岗位的优秀员工（参赛），人数控制在60人左右。会议内容包括：开幕式（闭幕式）、专家报告会、卷烟产品展览会、卷烟产品鉴别检验技能竞赛（闭幕式中予以颁奖）。会议拟邀请湖南经视、潇湘晨报以及红网三个媒体参加。会务及食宿费用由该厂单方承担。食宿标准200元/（人·天）。媒体预计花费3000元。 　　（题干中未明确的内容、数据请自己补足信息，除人名或单位名称外，其余信息不可用"××"代替） 　　以下是要求你完成的相关工作任务： 　　①会议筹备：根据以上备忘录提供的背景信息，拟制长沙卷烟厂卷烟产品鉴别检验会的筹备方案。 　　②会中服务：请就会议召开阶段如何接待采访的新闻媒体的程序，以便条的形式汇报。

（2）考核时量

90分钟

4.试题编号：H4-4 会议筹备、会中服务

（1）任务描述

你是恒达商业集团旗下的恒达会议会展服务有限公司的行政助理李光，下面是行政经理许畅发来的工作备忘录。

备忘录
发给：李光——行政助理
发自：许畅——行政经理
日期：3月28日
内容：办会
湖南省教育厅主办、某校承办的中外合作办学工作会议定于4月初在某校召开，会议为期2天。出席会议的领导主要有：省教育厅副厅长王某、教育厅职成处处长张某、英国知山大学常务副校长及该校校长等，预计有38所学校的65名从事中外合作办学教学管理和

外事工作的同志参加会议。会议的主要内容有：①开幕式；②学习教育部中外合作办学相关文件精神；③主题研讨（中外合作办学质量评估体系、中外合作办学监管机制）；④现场颁发中外合作办学批准证书；⑤该校与英国知山大学签署"合作办学备忘录"；⑥闭幕式。

会议食宿标准 200 元/（人·天）。另外，该校为英国知山大学校长一行另设两次酒宴，预计花费 5000 元。

（题干中未明确的内容、数据请自己补足信息，除人名或单位名称外，其余信息不可用"××"代替）

以下是要求你完成的相关工作任务：

①会议筹备：根据以上备忘录提供的背景信息，拟制中外合作办学工作会议的筹备方案。

②会中服务：请为新闻媒体拟写一则新闻通稿。

（2）考核时量

90 分钟

5.试题编号：H4–5 会议筹备、会中服务

（1）任务描述

你是恒达商业集团旗下的恒达会议会展服务有限公司的行政助理李光，下面是行政经理许畅发来的工作备忘录。

备忘录
发给：李光——行政助理 发自：许畅——行政经理 日期：7 月 28 日 内容：办会 截至今年 6 月底，中国网民数量达到 5.38 亿，手机网民规模达到 3.88 亿，手机超越电脑成为第一大上网终端。伴随移动终端的普及，人们的阅读方式也悄然发生变化。无线阅读已经成为撬动无线互联网快速发展的核心应用之一。包括运营商、内容提供商、硬件平台提供商在内的诸多产业都将无线阅读作为下一个业务突破口。 某公司作为无线阅读领域最具代表性、最为领先的新媒体，将于 8 月 11 日、12 日打造一场以"移动时代的阅读变革与营销创新"为主题的研讨会，来自艾瑞、VIVA、广告主、运营商、刊社等移动阅读产业链上的各方专业人士共计约 40 人将济济一堂，在该公司研讨、分享移动时代下阅读与营销创新的解决方案和成功案例。 研讨会的内容包括：①开幕式；②主题研讨（移动阅读行业现状与用户行为分析、移动时代的阅读变革与未来趋势、移动阅读的营销创新）；③成功案例分享；④闭幕式。 会议特邀媒体有：《中国青年报》、腾讯。 会议食宿标准是 300 元/（人·天）。媒体花费预计 2000 元。 （题干中未明确的内容、数据请自己补足信息，除人名或单位名称外，其余信息不可用"××"代替）

以下是要求你完成的相关工作任务：

①会议筹备：根据以上备忘录提供的背景信息，拟制"移动时代的阅读变革与营销创新研讨会"的筹备方案。

②会中服务：会议签到工作有什么要求，请以便条的形式予以答复。

（2）考核时量

90分钟

6.试题编号：H4-6 会议筹备、会中服务

（1）任务描述

你是恒达商业集团旗下的恒达会议会展服务有限公司的行政助理李光，下面是行政经理许畅发来的工作备忘录。

备忘录

发给：李光——行政助理
发自：许畅——行政经理
日期：7月4日
内容：办会
 	
  由长沙市岳麓区计划生育协会、英国救助儿童会共同举办的岳麓区流动人口社区母婴健康项目工作会议将于7月10日在桃花村一楼会议室召开。与会领导主要有：长沙市人口福利基金会副秘书长陈某、岳麓区人口计生委副主任潘某、英国救助儿童会中国项目主任王某、长沙新途社区健康促进社代表、黎富镇社区卫生服务中心领导、桃花村村委，共计40人左右。
  会议内容主要包括：①总结上半年项目开展情况；②提出下半年项目活动计划草案；③汇报母婴关爱互助社筹备、试运行情况及工作计划；④领导总结发言；⑤参观母婴关爱互助社和工作展板。
  会议设中餐和晚餐，标准是100元/（人·天）。就餐地点在桃花农庄。媒体预计花费1000元。
  （题干中未明确的内容、数据请自己补足信息，除人名或单位名称外，其余信息不可用"××"代替）
  以下是要求你完成的相关工作任务：
  ①会议筹备：根据以上备忘录提供的背景信息，拟制长沙市岳麓区流动人口社区母婴健康项目工作会议筹备方案。
  ②会中服务：如何做好会议现场的服务工作，请以便条的形式答复。

（2）考核时量

90分钟

7.试题编号：H4-7 会议筹备、会中服务

（1）任务描述

你是恒达商业集团旗下的恒达会议会展服务有限公司的行政助理李光，下面是行政经理许畅发来的工作备忘录。

> ### 备忘录
>
> 发给：李光——行政助理
>
> 发自：许畅——行政经理
>
> 日期：11月4日
>
> 内容：办会
>
> 曲阜市雕塑工艺美术协会成立大会将于11月14日上午在科技贸易城举行。
>
> 曲阜市科协、市文化局、市民政局等有关部门的负责人和颜景新等8位德高望重的民间艺人将参加成立大会。
>
> 市雕塑工艺美术协会成立大会上主要有两项活动：一是选举产生第一届理事会、理事长、副理事长、秘书长；二是展览馆的开馆，主要展出会员的部分作品。
>
> 计划发出会议通知110份，预计到会人数80人。
>
> 本会需安排中餐，餐饮标准80元/人。记者费用2000元，展览馆布置费用5000元。
>
> （题干中未明确的内容、数据请自己补足信息，除人名或单位名称外，其余信息不可用"××"代替）
>
> 以下是要求你完成的相关工作任务：
>
> ①会议筹备：根据以上备忘录提供的背景信息，拟制曲阜市雕塑工艺美术协会成立大会筹备方案。
>
> ②会中服务：按照会议信息传递的方式，有哪几种会议信息需要收集，请以便条的形式答复。

（2）考核时量

90分钟

8.试题编号：H4-8 会议筹备、会中服务

（1）任务描述

你是恒达商业集团旗下的恒达会议会展服务有限公司的行政助理李光，下面是行政经理许畅发来的工作备忘录。

> ### 备忘录
>
> 发给：李光——行政助理
>
> 发自：许畅——行政经理
>
> 日期：11月4日
>
> 内容：办会
>
> 山东土地学会庆祝第22个全国土地日首届书画展暨山东金土地书画家联谊会成立大会将于11月15日上午在德州董子读书台文化广场举行。
>
> 预计参加会议的有：山东土地学会理事长李明启、秘书长张增顺、副理事长丛之水、常务理事于朝升（山东金土地书画家联谊会主席）、理事粘克兴，德州市国土资源局局长曲永山、党组书记刘建中，原国土资源厅执法总队总队长严文安，山东金土地书画家联谊

会秘书长葛汝清，《山东土地》编辑部主任高立勇，全省各级国土资源局领导、各级土地学（协）会领导以及德州市国土资源局干部职工。应邀参加会议的还有：中国书画家联谊会常务副主席刘治国、常务理事张乃贵、秘书长王英，书画展作品参展人员以及社会各界人士，共计200多人。

会议内容主要有：介绍来宾，宣读山东土地学会"关于批准成立山东金土地书画家联谊会的意见"，宣读书画展品获奖人员名单，领导致辞，参观书画展厅。

本会需安排中餐，餐饮标准80元/人，就餐人员仅限领导与特邀嘉宾，预计60人。奖品预计花费8000元。记者费用1200元。

（题干中未明确的内容、数据请自己补足信息，除人名或单位名称外，其余信息不可用"××"代替）

以下是要求你完成的相关工作任务：

①会议筹备：根据以上备忘录提供的背景信息，拟制山东金土地书画家联谊会成立大会的筹备方案。

②会中服务：该联谊会的会员花名册应如何设计？请以便条的形式答复。

（2）考核时量

90分钟

9.试题编号：H4-9 会议筹备、会中服务

（1）任务描述

你是恒达商业集团旗下的恒达会议会展服务有限公司的行政助理李光，下面是行政经理许畅发来的工作备忘录。

备忘录
发给：李光——行政助理 发自：许畅——行政经理 日期：11月4日 内容：办会 　　长沙市城建工作会议将于11月15日举行。会议定在新怡园酒店（香樟店）召开。 　　市委书记冯其谱，市委副书记、市长王强将出席城建工作会议。市领导李继忠、谷玉端、郑春伟、袁登峰，市住建局、规划局、城管局、开发区的主要负责同志将出席会议，与会人员预计100人左右。城建工作会议的主要内容有：市委书记作重要讲话，提出关注民生的生态城市建设目标；现场汇报会；市委常委、副市长孙强作长沙市城建工作总结报告。 　　会议提供中餐，餐饮标准80元/人。酒店场地租用费用2000元，资料费20元/人，记者费用预计2000元。 　　（题干中未明确的内容、数据请自己补足信息，除人名或单位名称外，其余信息不可用"××"代替） 　　以下是要求你完成的相关工作任务： 　　①会议筹备：根据以上备忘录提供的背景信息，拟制长沙市城建工作会议筹备方案。 　　②会中服务：收集会议信息有何要求，请以便条的形式答复。

（2）考核时量

90分钟

10.试题编号：H4-10 会议筹备、会中服务

（1）任务描述

你是恒达商业集团旗下的恒达会议会展服务有限公司的行政助理李光，下面是行政经理许畅发来的工作备忘录。

备忘录
发给：李光——行政助理 发自：许畅——行政经理 日期：1月8日 内容：办会 　　1月12日，东芝白云菱机电力电子有限公司年会将在广州市花都区合兴酒店四楼会议厅召开。 　　会议的主要领导及嘉宾有：公司董事长胡明聪先生、副董事长池田博先生、董事桑原秀夫先生、董事胡德兆先生、董事兼总经理多良真司先生，TCH广州办事处梁杰总经理、陈克诚经理等。此外，公司全体员工也将参加会议暨庆典活动。人数总规模150余人。 　　年会将由吴日周副总经理主持，首先，由多良真司总经理做公司年度经营目标的工作报告。其后，将由公司各部门负责人对本科室年度目标的实现情况和工作成果进行汇报，并对下一年度工作做出具体规划和安排。 　　下午，会议议程进入第二部分内容：首先将由公司现任总经理对公司的成果与业绩进行展示说明；其后是系列颁奖活动，包括"我在GTMBU的日子"征文活动颁奖、资深员工评选活动颁奖、"年度之星"称号员工颁奖。18：00，将举行晚宴和有奖问答活动。 　　中餐标准是40元/人，晚宴标准是60元/人。奖品预计15 000元，资料费用20元/人，场租费2000元。 　　（题干中未明确的内容、数据请自己补足信息，除人名或单位名称外，其余信息不可用"××"代替） 　　以下是要求你完成的相关工作任务： 　　①会议筹备：根据以上备忘录提供的背景信息，拟制东芝白云菱机电力电子有限公司年会的筹备方案。 　　②会中服务：请设计一份会议反馈表，在会中发放给与会者填写。

（2）考核时量

90分钟

11.试题编号：H4-11 会议筹备、会中服务

（1）任务描述

你是恒达商业集团旗下的恒达电力行业仿真培训中心行政部经理助理郭慧，下面是行

政经理冯宏浩发来的工作备忘录。

备忘录

发给：郭慧——行政助理

发自：冯宏浩——行政经理

日期：20××年10月25日

内容：办会

　　为进一步做好电力行业仿真培训工作，××电力行业协会定于20××年11月28在长沙市召开20××年电力行业仿真培训工作暨仿真培训协作网全体委员会议。会议时间：20××年11月27日报到，28日至29日开会，会期两天。会议地点：恒达电力行业仿真培训中心（地址：湖南省长沙市景香路66号）。参加人员：中国南江电网有限责任公司、中国北华集团公司、中国大南集团公司、中国大湘集团公司、中国中电集团公司、中国海电投资集团公司仿真培训工作负责人、工作人员及恒达电力行业仿真培训中心全体委员，共30人。会议主要是总结3年来电力行业仿真培训工作，安排部署下一年电力行业仿真培训工作；交流仿真培训工作经验；电力行业仿真培训协作网换届；为上一届获得认证的教师颁发资格证书。会议统一安排食宿，培训费1500元/人。主办单位：××电力行业协会。承办单位：恒达电力行业仿真培训中心。

　　（注：题干中未明确的内容、数据请自己补足信息，除姓名和单位名称外，其余信息不可用××代替。）

　　以下是要求你完成的相关工作任务：

　　①会议筹备：根据所提供的情境材料拟写会议的筹备方案。

　　②会中服务：请说明会议记录的写作结构，以便条的形式答复。

（2）考核时量

90分钟

12.试题编号：H4-12 会议筹备、会中服务

（1）任务描述

　　你是恒达商业集团旗下的恒达烟花爆竹有限公司行政部经理助理郭慧，下面是行政经理冯宏浩发来的工作备忘录。

备忘录

发给：郭慧——行政助理

发自：冯宏浩——行政经理

日期：20××年1月7日

内容：办会

　　为认真贯彻落实全国烟花爆竹工作会议精神，研究湖南省烟花爆竹产业发展规划，积极推进烟花爆竹生产经营企业安全标准化建设，总结20××年烟花爆竹安全监管工作，部署我省20××年烟花爆竹安全生产监管工作，湖南省安全监督管理局经研究决定，召开全省烟花爆竹安全监管工作会议。会议主要是传达全国危化品、烟花爆竹工作会议精神；通报上一年烟花爆竹安全生产形势，总结上一年烟花爆竹安全监管工作，安排部署下一年烟

花爆竹安全监管工作；讨论湖南省烟花爆竹安全发展规划(分三组)；有关单位和企业代表发言；爆炸物品探测仪、氯酸钾快速检测演示。主办单位：湖南省安全监督管理局；承办单位：恒达烟花爆竹有限公司。

会议时间、地点：20××年1月21日上午报到，1月21日下午至22日开会，共两天；长沙市恒达大酒店（长沙市雨花区香峰路10号）。会议经费：食宿自理，会务费100元/人。参会人员：市（州）安全生产监督管理局分管烟花爆竹安全局长、处（科长）各1名，浏阳、醴陵、株洲、湘潭县安监局局长各1名。部分烟花爆竹生产经营企业负责人1名（名单附后）。省公安厅、省工商局、省质监局相关处室负责人各1名，省烟花爆竹协会、省烟花爆竹质检站负责人，约90人。请各市（州）安全生产监督管理局通知烟花爆竹生产经营企业准时参会。各市（州）安全生产监督管理局、烟花爆竹生产经营企业于20××年1月20日前将参会人员名单传真至恒达烟花爆竹管理中心。请长沙市安监局、湘潭市安监局、株洲县安监局、金展烟花集团有限公司、南峰花炮厂、宏达烟花爆竹专营有限公司准备书面发言材料100份交会务组。

附：

部分烟花爆竹生产经营企业名单

建设烟花集团有限公司

金展烟花集团有限公司

鹏程烟花集团有限公司

鸥飞烟花集团有限公司

宏达烟花爆竹专营有限公司

腾飞烟花爆竹专营有限公司

海地烟花爆竹专营有限公司

飘美花炮厂

帅才花炮厂

南峰花炮厂

展翔花炮厂

（注：题干中未明确的内容、数据请自己补足信息，除姓名和单位名称外，其余信息不可用××代替。）

以下是要求你完成的相关工作任务：

①会议筹备：根据所提供的情境材料拟写会议筹备方案。

②会中服务：如何做好会议领导与嘉宾的引领工作，请以便条的形式答复。

（2）考核时量

90分钟

13.试题编号：H4-13 会议筹备、会中服务

（1）任务描述

你是恒达商业集团旗下的恒达车业有限公司行政部经理助理李琴，下面是行政经理张强发来的工作备忘录。

备忘录

发给：李琴——行政助理

发自：张强——行政经理

日期：20××年12月2日

内容：办会

  为了更好地贯彻公司20××年度市场发展战略，充分做好各项准备工作，恒达车业有限公司经研究决定召开销售系统上一年年终总结大会。会议重点是各片区、部门年终总结及20××年度规划汇报。与会人员：各销售区域、招商部、客服部、市场部全体员工，约50人。会议安排：部门、区域总结报告及20××年度规划提交时间为：20××年1月15日前；20××年1月16日，各片区、各部门年终总结及20××年度规划汇报；20××年1月17日，20××年度市场分析会及销售技能研讨。主讲：董事长、总经理、销售副总、营销总监、策划总监（具体议题另定）；20××年1月18日，20××年度恒达电动车组织规划及政策说明会。会议地点：恒达大酒店三会议厅。会议要求：行政部部长参加会议，并做好各项后勤食宿和现场设备保障工作；所有人员不得无故缺席，必须着正装、打领带。会议统一安排食宿（住宿只安排外地分公司人员）。

  （注：题干中未明确的内容、数据请自己补足信息，除姓名和单位名称外，其余信息不可用××代替。）

  以下是要求你完成的相关工作任务：

  ①会议筹备：根据所提供的背景材料拟写会议筹备方案。

  ②会中服务：请说明会议签到的注意事项，以便条的形式答复。

（2）考核时量

90分钟

14.试题编号：H4-14 会议筹备、会中服务

（1）任务描述

  你是恒达商业集团旗下的恒达食品有限公司行政部经理助理李琴，下面是行政经理张强发来的工作备忘录。

备忘录

发给：李琴——行政助理

发自：张强——行政经理

日期：20××年10月12日

内容：办会

  为进一步规范市场，总结第三季度整体销售情况以及第四季度销售工作的规划安排、市场开发、产销协调，恒达食品有限公司将召开第三季度销售会议。届时，还将举办与畅洋外贸公司签署合作协议的签字仪式。参会人员：各部门负责人及销售部门全体人员，约50人。会议时间：20××年11月16日至18日，会期三天。报到时间：11月15日。会议地点：长沙恒达大酒店。会议主持：王彬。日程安排：20××年11月15日报到；20××年11月16日8：30全体人员参加长沙市场走访与评估；20××年11月17日8：30召开

销售会议。会议大纲及安排如下：南江工厂李平主讲《第三季度生产情况及第四季度生产安排》约 1 小时，财务部黄文主讲《第三季度经营状况分析》约 25 分钟，人事部刘佳主讲《各区域人员配置分析、OA 办公软件实行》约 40 分钟，市场部经理黄鑫主讲《市场费用管理与规划》约 50 分钟，销管部杨秀平主讲《销管部制度及申请更新》约 60 分钟，销售人员陈素珍主讲《各自区域销售总结》约 20 分钟，销售经理赵江主讲《整体市场销售总结及第四季度安排》约 50 分钟，公司总经理欧昱主讲《公司现状及前景瞻望》约 60 分钟。20××年 11 月 18 日小组讨论各相关事宜。参会要求：参会人员统一着正装参会；各区域销售人员做好会前工作安排及客户准备工作，保证会议期间销售工作正常进行，另安排好返程票务以便顺利返回；请参会人员认真准备会议发言内容，各销售人员将总结报告于20××年 11 月 10 日前传于销管部留存。会议期间统一安排食宿。

（注：题干中未明确的内容、数据请自己补足信息，除姓名和单位名称外，其余信息不可用××代替。）

以下是要求你完成的相关工作任务：

①会议筹备：根据所提供的背景材料拟写会议筹备方案。

②会中服务：请说明如何合理安排会议人员的餐饮，以便条的形式答复。

（2）考核时量

90 分钟

15.试题编号：H4-15 会议筹备、会中服务

（1）任务描述

你是恒达商业集团旗下的恒达安居建筑装饰工程有限公司行政部经理助理李琴，下面是行政经理张强发来的工作备忘录。

备忘录
发给：李琴——行政助理 发自：张强——行政经理 日期：1 月 4 日 内容：办会 　　为贯彻落实工程部会议精神，进一步提升公司品牌，加强对家装工程质量的管理，促进形成家装工程系统的制度化管理模式，实现公司品牌化战略推广，恒达安居建筑装饰工程有限公司经研究决定于 1 月 25 日召开工程部会议。参会人员：所属各单位工程部人员（工程经理、监理、工程队长）、材料部人员，约 50 人。会议时间：20××年 1 月 25 日下午，会期半天。报到时间：25 日上午。会议地点：恒达大酒店四楼活动厅（长沙市雨花区香南路 66 号）。会议主持人：公司副总经理杭倩。会议内容主要是细化 20××年家装装修工程管理工作纲要，讨论"纲要"；讨论工程部工作中存在的问题；讨论制定工作新举措；大会发言。会议要求：所有与会人员不得缺席，如有特殊情况，必须直接与上级主管请假。既不请假又不参加会议的，经查实将处以 100 元/人罚款，迟到人员处以 50 元/人的罚款。与会人员服装必须统一为深黑色西服，白色衬衣，外系领带。有关事项：会议统一安排食宿（25 日的中、晚餐和住宿）。

（注：题干中未明确的内容、数据请自己补足信息，除姓名和单位名称外，其余信息不可用××代替。）

以下是要求你完成的相关工作任务：

①会议筹备：根据所提供的背景材料拟写会议筹备方案。

②会中服务：请说明会议记录的结构，以便条的形式答复。

（2）考核时量

90 分钟

16.试题编号：H4-16 会议筹备、会中服务

（1）任务描述

你是恒达商业集团旗下的恒达汽车工业园行政部经理助理李琴，下面是行政经理张强发来的工作备忘录。

<table>
<tr><td align="center">备忘录</td></tr>
</table>

发给：李琴——行政助理

发自：张强——行政经理

日期：6 月 10 日

内容：办会

为进一步完善三产统计工作，加强对汽车销售的监测，××市统计局经研究，决定召开汽车销售统计工作会议。会议内容主要是汽车销售统计报表相关指标讲解、统计网上直报系统培训，筹备部署 8 月 18 日恒达汽车工业园落成典礼活动及调查征询各汽车公司入驻等相关事宜。会议时间：20××年 7 月 8 日（周五）上午 8：30，会期一天，上午是相关指标讲解，下午网上直报系统培训及调查征询。会议地点：恒达大酒店（长沙市雨花区香南路 88 号）八楼会议室。参加对象：各单位业务副总、负责统计报表的业务人员各 1 名（参会单位名单附后），约 20 人。请各单位组织好人员，准时参加会议。会议期间统一安排食宿，会务培训费 300 元/人。

主办单位：××市统计局；承办单位：恒达汽车工业园。

附：参会汽车销售单位名单

湖南海达汽车有限公司

湖南润丰汽车有限公司

湖南腾飞汽车有限公司

湖南大同汽车销售服务有限公司

湖南展羽汽车有限公司

湖南利来汽车销售服务有限公司

湖南金潮汽车有限公司

湖南群峰汽车销售服务有限公司

湖南和瑞汽车有限公司

湖南中通汽车有限公司

（注：题干中未明确的内容、数据请自己补足信息，除姓名和单位名称外，其余信息

不可用××代替。）

以下是要求你完成的相关工作任务：

①会议筹备：根据所提供的材料拟写会议筹备方案。

②会中服务：请说明会议签到的方式有哪几种，此次会议适用于哪一种，以便条的形式答复。

（2）考核时量

90分钟

17.试题编号：H4-17 会议筹备、会中服务

（1）任务描述

你是恒达商业集团旗下的恒达会务服务公司行政部经理助理李琴，下面是行政经理张强发来的工作备忘录。

<table>
<tr><td colspan="2" align="center">备忘录</td></tr>
<tr><td colspan="2">发给：李琴——行政助理</td></tr>
<tr><td colspan="2">发自：张强——行政经理</td></tr>
<tr><td colspan="2">日期：9月16日</td></tr>
<tr><td colspan="2">内容：办会</td></tr>
<tr><td colspan="2">　　第×届国际绿色能源会议暨第×届DNL洁净能源会议定于20××年10月28日至10月30日在长沙恒达大酒店（长沙市雨花区香南路88号）召开，会期三天，报到时间10月27日。会议由国际绿色能源协会及洁净能源国家实验室（筹）主办，恒达会务服务公司承办。本届会议旨在为参会的专家学者提供一个高水平的学术交流平台，共同探讨绿色能源及相关技术在全球的发展以及绿色能源相关产业面临的新机遇，从而推动国际绿色能源的技术创新和能源的可持续发展。会议邀请到多位国内外能源领域的著名专家学者、世界500强企业高管以及对能源领域有突出贡献的各国人士，约50人。会上还有专家主题报告演讲：赵刚《全钒液流储能技术的历程与最新科研成果》、宋央丹《太阳能光催化制氢技术》、吴阳《太阳能光催化技术的发展》、常洋《人类对能源利用的历史及现状分析》。同时，还将举办绿色能源开发与利用、传统能源技术更新、能源科技发展、能源安全、节能减排与低碳经济等五个技术专题讨论会，讨论会分小组进行。恒达会务服务公司成立会务筹备小组，下设秘书组、接待组、联络宣传组。会务费800元/人，会议统一安排食宿。
　　（注：题干中未明确的内容、数据请自己补足信息，除姓名和单位名称外，其余信息不可用××代替。）
　　以下是要求你完成的相关工作任务：
　　①会议筹备：根据所提供的背景材料拟写会议筹备方案。
　　②会中服务：如何做好会议领导与嘉宾的引领工作，请以便条的形式答复。</td></tr>
</table>

（2）考核时量

90分钟

18.试题编号：H4-18 会议筹备、会中服务

（1）任务描述

你是恒达商业集团公司行政部经理助理李琴，下面是行政经理张强发来的工作备忘录。

> **备忘录**
>
> 发给：李琴——行政助理
> 发自：张强——行政经理
> 日期：20××年12月12日
> 内容：办会
>
> 　　值此辞旧迎新和集团公司成立十周年之际，为感谢公司全体员工十年来的辛勤工作，也共同庆贺公司20××年取得的成绩，一年一度的恒达商业集团公司年终总结大会将于20××年12月29日14：00在公司会议室举行。届时，全体员工将欢聚一堂，总结过去，展望未来，共同祝愿公司百尺竿头更进一步，各项业绩节节攀高。各分公司经理及以上领导均要做部门年终总结以及年度工作计划；员工代表发言；公布部门年终考核评比结果；公布优秀员工名单；颁奖仪式；会后聚餐和KTV娱乐抽奖活动。请全体员工务必准时到会（刷卡签到），不得缺席。会议只安排外地分公司人员住宿。
>
> 　　（注：题干中未明确的内容、数据请自己补足信息，除姓名和单位名称外，其余信息不可用××代替。）
>
> 　　以下是要求你完成的相关工作任务：
> 　　①会议筹备：根据所提供的背景材料拟写会议筹备方案。
> 　　②会中服务：请说明会议签到的方式有哪几种，这次会议适用哪一种？以便条的形式答复。

（2）考核时量

90分钟

19.试题编号：H4-19 会议筹备、会中服务

（1）任务描述

你是恒达商业集团旗下的恒达医药责任有限公司行政部经理助理李琴，下面是行政经理张强发来的工作备忘录。

> **备忘录**
>
> 发给：李琴——行政助理
> 发自：张强——行政经理
> 日期：20××年1月5日
> 内容：办会
>
> 　　为了更好贯彻公司20××年度市场发展战略，充分做好各项准备工作，恒达医药责任有限公司20××年（上一年）年终总结大会定于20××年2月4日至5日举行。参会人员：嘉宾及公司全体人员，约150人。会议要求：外地销售人员请于2月3日晚前到达，统一安排食宿。食宿地点：恒达大酒店。公司全体员工请于2月4日14：50前到达年会现场并签到。会议流程：2月4日，外地销售人员入住恒达大酒店；文艺汇演为16：00—

17：30，地点为新办公大楼广场。晚宴时间为18：00—20：00，地点为恒达大酒店一楼湘江厅。公司全体员工于2月5日8：30前到达会议现场，地点为恒达大酒店五楼广南会场；中餐时间为12：00—13：00，地点为恒达大酒店一楼湘江厅；下午会议时间为14：00—17：30，地点为恒达大酒店五楼广南会场。会议内容：公司20××年述职。销售（负责人张总）：李菊花、刘怀东、叶紫、赵强；公司行政（办公负责人齐总）：王莉、高枝、张芳、赵敏、杨鸣、陈丽。会议统一安排食宿，交通费自理。会务组：组长蒋红，副组长花叶、薛雷，成员有余天、罗苗、安乐、孔祥生、金喻、毕华鹏、唐云、严安狄。

（注：题干中未明确的内容、数据请自己补足信息，除姓名和单位名称外，其余信息不可用××代替。）

以下是要求你完成的相关工作任务：

①会议筹备：根据所提供的背景材料拟写会议筹备方案。

②会中服务：如何做好会议现场的服务工作，请以便条的形式答复。

（2）考核时量

90分钟

20.试题编号：H4-20 会议筹备、会中服务

（1）任务描述

你是恒达商业集团旗下的恒达会务服务公司行政部经理助理李琴，下面是行政经理张强发来的工作备忘录。

备忘录
发给：李琴——行政助理 发自：张强——行政经理 日期：6月12日 内容：办会 　　为深入贯彻落实《国务院关于进一步加强企业安全生产工作的通知》《国务院关于坚持科学发展安全发展促进安全生产形势持续稳定好转的意见》精神，强化基层基础工作，深入开展岗位达标，推动专业达标和企业达标，全面推动全市安全生产标准化建设工作，经研究，长沙市安全生产监督管理局决定召开全市工贸机械制造等行业安全生产标准化宣贯会议。会议对象：各县区安监局分管领导、科长，机械制造、商贸、轻工、纺织等企业分管领导、安全部（科）长、安全生产管理人员及其他相关人员，约50人。会议邀请五位知名专家解读相关文件精神。会议主要是解读《国务院安委会办公室关于深入开展全国冶金等工贸企业安全生产标准化建设的实施意见》；《企业安全生产标准化基本规范》；工贸机械制造等企业安全生产标准化知识和考核标准；全国冶金等工贸企业安全生产标准化考评办法；安全生产标准化考评程序、企业安全生产标准化实施方案的制定、典型案例分析等。宣贯方式：专家课堂讲授与研讨交流相结合。会议时间：20××年7月13日上午9点，会期1天。报到时间：7月13日上午8点至9点。会议地点：恒达大酒店（长沙雨花区香南路88号）。会议费用：统一安排食宿，会务费（含资料费）550元/人。主办单位：长沙市安监局；承办单位：恒达会务服务公司。

（注：题干中未明确的内容、数据请自己补足信息，除姓名和单位名称外，其余信息不可用××代替。）

以下是要求你完成的相关工作任务：

①会议筹备：根据所提供的背景材料拟写会议筹备方案。

②会中服务：如何合理安排会议人员的餐饮，以便条的形式答复。

（2）考核时量

90分钟

21.试题编号：H4-21 会议筹备、会后工作

（1）任务描述

你是恒达商业集团旗下的恒达会议会展服务有限公司的行政助理李光，下面是行政经理许畅发来的工作备忘录。

备忘录

发给：李光——行政助理

发自：许畅——行政经理

日期：1月4日

内容：办会

湖南省教育厅主办、湖南省学生资助中心协办、某校承办的湖南省学生资助研究会第一届理事会将于1月10日至11日在该校召开。出席会议的领导有：省教育厅副厅长杨某、省学生资助中心主任刘某、省学生资助研究会会长（湖南某高校副校长）周某，参加会议的人员为湖南省学生资助研究会理事50余人、资助单位（个人）代表10人以及获助学生代表10人。会议主要内容有：①讨论工作计划；②讨论并通过财务预算；③讨论完善研究会有关制度、片区分会设置；④闭幕式（有"资助现场活动"环节）。

会议提供中、晚餐，标准80元/（人·天），住宿费用自理。

（题干中未明确的内容、数据请自己补足信息，除人名或单位名称外，其余信息不可用"××"代替）

以下是要求你完成的相关工作任务：

①会议筹备：根据以上备忘录提供的背景信息，拟制"湖南省资助研究会第一届理事会"的筹备方案。

②会后工作：返程工作的服务有何要求，请以便条的形式予以答复。

（2）考核时量

90分钟

22.试题编号：H4-22 会议筹备、会后工作

（1）任务描述

你是恒达商业集团旗下的恒达会议会展服务有限公司的行政助理李光，下面是行政经理许畅发来的工作备忘录。

备忘录

发给：李光——行政助理

发自：许畅——行政经理

日期：5月4日

内容：办会

　　由湖南省教育厅、省高工委联合主办，某校承办的湖南省高校网络文化建设与管理工作会议将于5月15日至16日在该校召开。教育厅副厅长王某、高工委副书记丁某将出席会议，省高校网络文化建设与管理小组成员12人（组长为该校现任副校长刘某）、各高校宣传部负责人约60人将参加会议。会议的主要议题有：①当前高校网络文化建设与管理中的突出问题；②高校网络文化建设与管理的制度化；③高校网络文化建设与管理的趋势与创新。会议的主要形式有：开幕式与闭幕式、专家讲座、经验交流（发言）、网络管理技术推介会。

　　会议食宿标准200元/（人·天）。特邀记者预计花费2000元。专家讲座费用2000元。

　　（题干中未明确的内容、数据请自己补足信息，除人名或单位名称外，其余信息不可用"××"代替）

　　以下是要求你完成的相关工作任务：

　　①会议筹备：根据以上备忘录提供的背景信息，拟制"湖南省高校网络文化建设与管理工作会议"的筹备方案。

　　②会后工作：请将会议文件资料清退的程序以便条的形式答复。

（2）考核时量

90分钟

23.试题编号：H4-23 会议筹备、会后工作

（1）任务描述

你是恒达商业集团旗下的恒达会议会展服务有限公司的行政助理李光，下面是行政经理许畅发来的工作备忘录。

备忘录

发给：李光——行政助理

发自：许畅——行政经理

日期：5月4日

内容：办会

　　由某校主办，该校人文学院东西方文化与管理研究中心承办，湖南省文化型企业家俱乐部协办的"东西方文化与管理研讨会"将于5月15日至17日在该校召开。会议得到了该校某基金会和维普资讯网媒体的赞助与支持，赞助资金共计20 000元。会议的主要议题有：①探讨文化与管理的关系；②东西方文化管理的智慧及其差异；③跨文化商务管理的问题及解决方案。会议邀请了近50名企业代表以及提交了会议论文（或论文摘要）的学者100余人（其中境外学者30人）。会议的主要形式有：开幕式与闭幕式、大会主场报告会、大会分场学术交流会。会议食宿安排在该校附近的某大酒店，餐饮标准为150元/

（人·天）天。会务费为 600 元/人，住宿费、交通费自理。

（题干中未明确的内容、数据请自己补足信息，除人名或单位名称外，其余信息不可用"××"代替）

以下是要求你完成的相关工作任务：

①会议筹备：根据以上备忘录提供的背景信息，拟制"东西方文化与管理研讨会"的筹备方案。

②会后工作：会议文件资料清退的方法有哪些？请以便条的形式答复。

（2）考核时量

90 分钟

24.试题编号：H4-24 会议筹备、会后工作

（1）任务描述

你是恒达商业集团旗下的恒达会议会展服务有限公司的行政助理李光，下面是行政经理许畅发来的工作备忘录。

备忘录
发给：李光——行政助理 发自：许畅——行政经理 日期：5 月 4 日 内容：办会 　　5 月 24 日至 26 日，湖南省第一次骨科联合学术大会在中南大学湘雅医学院召开。会议是由湖南省医学会主办，省脊柱外科学分会、省骨科学分会、省关节外科学分会协办，中南大学承办的省骨科学界举行的首次联合学术大会。湘雅附一医院脊柱骨科主任陈某出席开幕式，并作为特邀嘉宾主持会议闭幕式。 　　会议邀请了湖南省卫生厅副厅长耿某、湖南省医学会会长黄某出席，同时还邀请来自国内的72位著名专家和来自美国、法国、韩国等 8 位国外的顶尖专家进行精彩演讲，与省同仁共计 150 人共同研讨国内外骨科领域的前沿技术、创新理念和最新动态。除主会场外，大会还设几个分会场，参会代表分别就脊柱微创技术和脊柱畸形矫正技术、脊柱非融合技术、数字骨科技术、人工关节翻修手术等专项议题进行深入交流和探讨。 　　会议食宿标准 300 元/（人·天），专家讲学费 32 000 元。与会人员需交纳会务费1200 元/人，交通费、住宿费自理。 　　（题干中未明确的内容、数据请自己补足信息，除人名或单位名称外，其余信息不可用"××"代替） 　　以下是要求你完成的相关工作任务： 　　①会议筹备：根据以上备忘录提供的背景信息，拟制"湖南省第一次骨科联合学术大会"的筹备方案。 　　②会后工作：该会的与会代表来自全国各地（甚至国外），如何做好送别会议代表的工作，请以便条的形式答复。

（2）考核时量

90 分钟

25.试题编号：H4–25 会议筹备、会后工作

（1）任务描述

你是恒达商业集团旗下的恒达会议会展服务有限公司的行政助理李光，下面是行政经理许畅发来的工作备忘录。

备忘录
发给：李光——行政助理
发自：许畅——行政经理
日期：5月4日
内容：办会
5月24日至26日，长沙市中小企业服务中心、市发改委、市工商联联合主办的长沙市中小企业发展规划专题会议将在市工商联召开。会议内容主要有：①制定市中小企业发展三年规划；②确定重点扶持的中小企业；③确定重点扶持发展的产业集群。除几位领导外，与会人员主要为长沙市各区的中小企业管理部门、发改部门、工商联部门的相关责任人共计约20人，中小企业代表100余人以及省内从事中小企业研究的专家学者10人。会议内容包括开幕式与闭幕式、专家讲座、政府职能部门负责人与企业代表座谈会、中小企业发展规划专题研讨活动等。
会议餐饮费用标准是100元/人（市内会议无需住宿）。专家讲学费用共计8000元（四场讲座，每场费用2000元）。
（题干中未明确的内容、数据请自己补足信息，除人名或单位名称外，其余信息不可用"××"代替）
以下是要求你完成的相关工作任务：
①会议筹备：根据以上备忘录提供的背景信息，拟制"长沙市中小企业发展规划专题会议"的筹备方案。
②会后工作：会后有许多资料需要整理，请分类予以说明，并以便条的形式答复。

（2）考核时量

90分钟

26.试题编号：H4–26 会议筹备、会后工作

（1）任务描述

你是恒达商业集团旗下的恒达会议会展服务有限公司的行政助理李光，下面是行政经理许畅发来的工作备忘录。

备忘录
发给：李光——行政助理
发自：许畅——行政经理
日期：1月4日
内容：办会
第七届湖南省流动图书馆工作会议将于10日在长沙某某酒店举行。文化部副部长周某、湖南省文化厅副厅长杜某、湖南省图书馆馆长李某、长沙市委宣传部部长吴某、长沙

市文化广电新闻出版局局长蒋某等领导会出席会议。会议将由省图书馆馆长李某主持。湖南流动图书馆 51 个分馆近 120 位代表将参加此次会议。

会议内容包括：领导讲话（文化部副部长），表彰流动图书馆先进集体和先进工作者，做湖南流动图书馆工作总结报告（省图书馆馆长），分馆馆长座谈会。

会议提供中餐和晚餐。餐饮标准是 150 元/人。记者费用 2000 元。

（题干中未明确的内容、数据请自己补足信息，除人名或单位名称外，其余信息不可用"××"代替）

以下是要求你完成的相关工作任务：

①会议筹备：根据以上备忘录提供的背景信息，拟制第七届湖南省流动图书馆工作会议筹备方案。

②会后工作：为此次会议撰写一则新闻稿。

（2）考核时量

90 分钟

27.试题编号：H4-27 会议筹备、会后工作

（1）任务描述

你是恒达商业集团旗下的恒达会议会展服务有限公司的行政助理李光，下面是行政经理许畅发来的工作备忘录。

备忘录

发给：李光——行政助理

发自：许畅——行政经理

日期：1 月 4 日

内容：办会

望城县公路系统创建文明行业工作会议将在 19 日举行。市文明办副主任侯某，市公路局局长任某，各县区公路局局长、政工科长共计 40 人将参加会议。县委副书记、县长陈某，县委常委、宣传部长李某，县政府办公室主任张某也将参加会议的全程活动。工作会议在望城某酒店举行。

会议提供中餐，餐饮标准为 100 元/人。资料费 20 元/人。酒店租赁费 2000 元。

（题干中未明确的内容、数据请自己补足信息，除人名或单位名称外，其余信息不可用"××"代替）

以下是要求你完成的相关工作任务：

①会议筹备：根据以上备忘录提供的背景信息，拟制"望城县公路系统创建文明行业工作会议"筹备方案。

②会后工作：清理会场有哪些细节要注意？请以便条的形式答复。

（2）考核时量

90 分钟

28.试题编号：H4-28 会议筹备、会后工作

（1）任务描述

你是恒达商业集团旗下的恒达会议会展服务有限公司的行政助理李光，下面是行政经理许畅发来的工作备忘录。

> **备忘录**
>
> 发给：李光——行政助理
>
> 发自：许畅——行政经理
>
> 日期：1月4日
>
> 内容：办会
>
> 　1月10日下午，东莞市海关政策宣讲会将在瑞和进出口有限公司公用型保税仓库举行。
>
> 　参加会议的人员有：中共东莞市委书记潘某，东莞市人民政府副市长胡某，广州海关加工贸易监管处处长郑某，东莞海关关长徐某、副关长李某，东莞市有关行业协会、外贸企业代表，各级媒体记者，合计约100人。
>
> 　政策宣讲会主要是由东莞海关关长徐某做较长时间的讲话。
>
> 　会议提供中餐，餐饮标准为100元/人。记者费用5000元。会议资料费用20元/人。
>
> 　（题干中未明确的内容、数据请自己补足信息，除人名或单位名称外，其余信息不可用"××"代替）
>
> 　以下是要求你完成的相关工作任务：
>
> ①会议筹备：根据以上备忘录提供的背景信息，拟制东莞市海关政策宣讲会筹备方案。
>
> ②会后工作：会后需要搜集整理的资料有哪些？请以便条的形式答复。

（2）考核时量

90分钟

29.试题编号：H4-29 会议筹备、会后工作

（1）任务描述

你是恒达商业集团旗下的恒达会议会展服务有限公司的行政助理李光，下面是行政经理许畅发来的工作备忘录。

> **备忘录**
>
> 发给：李光——行政助理
>
> 发自：许畅——行政经理
>
> 日期：8月10日
>
> 内容：办会
>
> 　8月25日至27日，爱华公司经营及管理工作会议将在深圳总公司举行。总公司中高层领导、分公司决策层领导和来自全国各测区的优秀员工代表180多人将参加会议。
>
> 　会议的主要内容有：
>
> ①汇报总结：勘察业务总结、工程业务总结、质检业务总结、经营业务总结、财务通报，珠海项目汇报、分公司负责人年度工作汇报，爱华公司经营、管理总结报告及存在问题的分析。

②专题探讨：公司承包、项目承包、经营承包中长期发展规划，公司年度经营及管理计划。

③培训交流：技术总结报告，"地理信息与地图知识"讲座，"如何建设更大、更稳定的团队"主题讲座，"如何成功地做好项目管理"主题讲座。

会议提供餐饮，标准是 100 元/（人·天），住宿费用自理。场地费（包括设备、茶水）共 3000 元，资料费 20 元/人，讲座费 2000 元/场。

（题干中未明确的内容、数据请自己补足信息，除人名或单位名称外，其余信息不可用"××"代替）

以下是要求你完成的相关工作任务：

①会议筹备：根据以上备忘录提供的背景信息，拟制爱华公司经营及管理工作会议筹备方案。

②会后工作：会后需要搜集整理的资料有哪些？请以便条的形式答复。

（2）考核时量

90 分钟

30.试题编号：H4-30 会议筹备、会后工作

（1）任务描述

你是恒达商业集团旗下的恒达汽车工业园行政部经理助理郭慧，下面是行政经理冯宏浩发来的工作备忘录。

备忘录

发给：郭慧——行政助理

发自：冯宏浩——行政经理

日期：6 月 16 日

内容：办会

国内汽车企业的竞争如火如荼，每个省都将汽车列为本省经济民生龙头支柱产业，都希望成为中国未来汽车生产的十大基地之一。位于湖南长沙的恒达汽车工业园早已成型，为吸引更多国内外名优汽车企业落户恒达，恒达汽车工业园决定举办"全国名优汽车企业高峰论坛"。与会的企业代表来自北方汽车集团、南方汽车集团、西北汽车集团、美国 ABC 汽车有限公司、华北汽车集团、华南汽车集团、华东汽车集团、西南汽车集团等 30 余家汽车企业，约 50 余人。会议主要是探讨汽车产业结构预测分析与调整，汽车工业发展中存在的问题，汽车企业发展的保障措施等重大问题。其中，北方汽车集团总裁、华北汽车集团总裁、美国 ABC 汽车有限公司总裁分别做主题发言，还就"汽车产业发展思路、目标任务和工作重点"分组讨论。会议地点：恒达大酒店（长沙市雨花区香南路 88 号）。会议时间：7 月 18 日至 20 日。报到时间：7 月 17 日，会期三天。会议期间统一安排住宿，会议经费 10 万元。

（注：题干中未明确的内容、数据请自己补足信息，除姓名和单位名称外，其余信息不可用 ×× 代替。）

以下是要求你完成的相关工作任务：

---

①会议筹备：根据所提供的情境材料拟写一个会议筹备方案。
②会后工作：这次会议形成哪些会议文件？以便条的形式答复。

（2）考核时量

90分钟

31.试题编号：H4–31 会议筹备、会后工作

（1）任务描述

你是恒达商业集团旗下的恒达培训教育有限责任公司行政部经理助理李梅，下面是行政经理张宏发来的工作备忘录。

备忘录
发给：李梅——行政助理 发自：张宏——行政经理 日期：6月2日 内容：办会 　　恒达培训教育有限责任公司拥有一流的人才资源、雄厚的资金实力，科学的管理经验，以及庞大的信息网络，先进的产品研发系统，强大的研发力量，汇聚先进教辅产品开发方面的成功经验，在全国教育产品行业中处于领先地位。为研发能够涵盖中小学教辅类光盘产品、语言学习类光盘产品、百科知识类光盘产品、幼儿启蒙教育类产品，搭建互动网络学习平台，满足学生、教师、家长的多方面需求，恒达培训教育有限责任公司决定举办一个研讨会，会议秉承以教育为核心的理念，以科技创新为中心，把握机遇，奋勇开拓，继续研发最前沿的教育科技产品。探讨的主要问题是各种电子新产品的分析研究与运用等重大问题。与会代表有合作企业包括人民教育出版社、中央电化教育馆、外语教学与研究出版社、法制音像出版社、北京大学出版社、人民音乐出版社的代表，以及相关课程专家、一线优秀的教师、各学科教研与编辑人员、多媒体课件制作人员、软件开发人员、网络技术人员、视音频制作人员和美术创意人员共计40余人。会议的主题发言是人民教育出版社蒋杰总裁作"公务员考试卫星远程视讯学习包的分析研究与运用"、恒达教育集团赵刚副总裁的"学生的'电子书包'的分析研究"、恒达教育研发部王鸿的"教师OA办公系统的分析研究与运用"。会议地点：恒达大酒店。会议时间：7月8日至9日。报到时间：7月7日，会期两天。统一安排住宿，会议经费9万元。 　　（注：题干中未明确的内容、数据请自己补足信息，除姓名和单位名称外，其余信息不可用××代替。）

以下是要求你完成的相关工作任务：
①会议筹备：根据所提供的情境材料拟写会议筹备方案。
②会后工作：请说明会议催办有哪几种方式？以便条的形式答复。

（2）考核时量

90分钟

32.试题编号：H4-32 会议筹备、会后工作

（1）任务描述

你是恒达商业集团旗下恒达动漫公司行政部经理助理李琴，下面是行政经理张强发来的工作备忘录。

备忘录

发给：李琴——行政助理

发自：张强——行政经理

日期：6月12日

内容：办会

恒达动漫公司——产业发展的新锐，它以打造全国文化创意产业中心和建设"动漫之都"为目标，以中国国际动漫节为平台，以全国领先的产业政策为保障，以名家名企名校为支撑，以国际国内两个市场为导向，创建了动漫产业发展的"恒达模式"，并且连续两年无论产量还是质量均位居全国各大城市前列，正在迸发着蓬勃的生机。为打造别具特色的动漫模式，进一步提升行业的地位，恒达动漫决定召开一个动漫产业发展研讨会，会议的重点是探讨中国动漫产业投资分析及前景预测。会议的主要内容有我国动漫产业发展的现状，我国动漫产业发展存在的问题，促进我国动漫产业发展的建议，中国动漫产业投资分析及前景预测。与会代表有"中国动画的摇篮"之称的 SH 美术电影制片厂李海副厂长，还有 BJ 美术电影制片厂动漫研发部龙华部长、 XA 美术电影制片厂动漫研发部汪俊部长、GZ 美术电影制片厂动漫研发部程健副部长、GN 美术电影制片厂动漫研发部刘敏副部长等 30 余人。恒达动漫成立会议筹备小组，下设会务组、接待组、信息联络组，各组各司其职。会议形式是大会小会相结合。开幕式为大会；小组讨论为小会，小组讨论后，由各小组的代表在大会上发言。恒达动漫还专门调拨会议经费 5 万元。会议统一安排住宿。会议最后一天还安排了到 SH 美术电影制片厂的参观活动。会议地点：恒达动漫公司恒达大酒店（长沙市雨花区香南路 88 号）。会议时间：7 月 18 日至 20 日，报到时间：7 月 17 日，会期三天。

（注：题干中未明确的内容、数据请自己补足信息，除姓名和单位名称外，其余信息不可用××代替。）

以下是要求你完成的相关工作任务：

①会议筹备：根据所提供的情境材料拟写这个会议筹备方案。

②会后工作：请说明结算会议开支费用的程序，以便条的形式答复。

（2）考核时量

90 分钟

33.试题编号：H4-33 会议筹备、会后工作

（1）任务描述

你是恒达商业集团旗下的恒达科技发展有限公司行政部经理助理郭慧，下面是行政经理冯宏浩发来的工作备忘录。

备忘录

发给：郭慧——行政助理

发自：冯宏浩——行政经理

日期：12月9日

内容：办会

恒达科技发展有限公司是一家具有自主知识产权的条码打印机专业制造商，国家级高新技术企业。公司发展势头良好，已经在全国18个省市设立分公司。为"创世界一流的中国品牌，做受人尊敬的中国企业"，恒达公司决定召开年终总结大会，分公司经理、主管营销副经理、销售部长、研发室主任均应与会，共计50人。会议主要是总结上一年度的工作情况、存在的问题、解决的措施、有什么建议等等。会议由公司副总经理沈扬阳主持，总经理秦铁刚作总结发言，总公司研发部部长陈光作"条码打印机发展新趋向"发言，营销部长贾旺作"应对条码打印机销售结构变化新举措"的主题发言，小组讨论等。会议时间：20××年12月28日至29日，会期两天。报到时间：12月27日。会议地点：恒达大酒店。与会人员食宿由总公司统一安排。会议最后一天的晚上安排了文艺演出等娱乐活动以欢度新年。

（注：题干中未明确的内容、数据请自己补足信息，除姓名和单位名称外，其余信息不可用××代替。）

以下是要求你完成的相关工作任务：

①会议筹备：根据所提供的情境材料拟写这个会议筹备方案。

②会后工作：请说明会后需收集整理的文件资料有哪些，以便条的形式答复。

（2）考核时量

90分钟

34.试题编号：H4-34 会议筹备、会后工作

（1）任务描述

你是恒达商业集团旗下恒达科技有限公司（××互联网协会理事单位）办公室秘书郭慧，下面是办公室主任冯宏浩发来的工作备忘录。

备忘录

发给：郭慧——办公室秘书

发自：冯宏浩——办公室主任

日期：5月30日

内容：办会

为让用户在娱乐互动、生活消费、电子商务方面研发出多样化的产品，为行业新产品研发提供一个便利通道，××互联网协会决定召开一个行业会议，邀请全国众多知名网站参加，如TX业务副总经理孙江、SH研发副总经理金鑫、SG副总经理朱广、WY研发部部长姜进、GG研发部部长谢平、BD研发部副部长喻超、XL研发部副部长袁木、TB研发部副部长范可中、YK研发部副部长章洪超等45人。会议主要内容是探讨网络发展新产品趋向与预测。TX讯业务副总经理孙江作"企业交流平台发展新动向"，SH研发副总经理金鑫作"用网络的方式去生产电视节目"，恒达研发部部长方亮作"为企业用户定制开发的企业一站式互动营销平台新模式"，研发部朱广做"打造网络电视新产品形态新运营模

式"、喻超作"超越传统视频体验创建人性化视频体系"的主题发言。××互联网协会为确定会议高质高效如期召开，调拨会议经费4万元，并委托恒达科技有限公司承办此次会议。恒达科技有限公司成立了会议筹备小组，下设秘书组、接待组、联络宣传组，会议统一安排用餐，住宿和交通费用自理。会议时间：20××年6月18日至20日，会期三天。报到时间：12月17日。会议地点：恒达大酒店（长沙市雨花区香南路77号）。主办单位：××互联网协会；承办单位：恒达科技有限公司。

（注：题干中未明确的内容、数据请自己补足信息，除姓名和单位名称外，其余信息不可用××代替。）

以下是行政经理要求你完成的相关工作任务：

①会议筹备：根据所提供的情境材料拟写这个会议的筹备方案。

②会后工作：请说明会议之后应做哪些善后工作，以便条的形式答复。

（2）考核时量

90分钟

35.试题编号：H4-35 会议筹备、会后工作

（1）任务描述

你是恒达商业集团旗下的恒达电气公司行政部经理助理郭慧，下面是行政经理冯宏浩发来的工作备忘录。

备忘录

发给：郭慧——行政助理

发自：冯宏浩——行政经理

日期：12月6日

内容：办会

恒达电气公司是一家主要致力于研发、制造及配送将可再生能源并网解决方案、电能质量与低电压穿越测试设备的公司。为引进先进技术，做大做强光伏逆变器产业，恒达电气公司决定召开一个年终总结大会，全省各地20余个分公司的经理、业务副经理、研发部部长共计70余人参加。会议主要内容是汇报今年的工作情况，总结工作中存在的经验教训，提出下一年度的新举措。第一天是开大会，会议由公司副总经理孔宪勤主持，公司总经理魏浩作总结报告，研发部部长许光常作"风光储输示范工程关键技术研究经验交流"，研发人员余开鸿作"配送可再生能源并网的电力电子解决方案经验交流"的主题发言；第二天是小组讨论，讨论几个报告对今后工作的指导意义；第三天上午由各小组代表发言、领导讲话，下午安排文艺娱乐活动，欢度新年。会议时间：20××年12月26日至28日，会期三天。报到时间：12月25日。会议地点：恒达大酒店（长沙市雨花区香南路88号）。会议统一安排食宿，交通费自理。

（注：题干中未明确的内容、数据请自己补足信息，除姓名和单位名称外，其余信息不可用××代替。）

以下是要求你完成的相关工作任务：

①会议筹备：根据所提供的情境材料拟写会议筹备方案。

②会后工作：请说明会议催办的程序，以便条的形式答复。

（2）考核时量

90分钟

36.试题编号：H4-36 会议筹备、会后工作

（1）任务描述

你是恒达商业集团旗下的恒达国际公关顾问有限公司行政部经理助理郭慧，下面是行政经理冯宏浩发来的工作备忘录。

<table>
<tr><td colspan="2" align="center">备忘录</td></tr>
<tr><td colspan="2">发给：郭慧——行政助理</td></tr>
<tr><td colspan="2">发自：冯宏浩——行政经理</td></tr>
<tr><td colspan="2">日期：5月30日</td></tr>
<tr><td colspan="2">内容：办会</td></tr>
<tr><td colspan="2">　　恒达国际公关顾问有限公司创建于2000年，是国内最早从事会展与公关活动专业综合服务的公司之一。为进一步扩大恒达公关在生物医药、汽车产业、花炮产业、房地产、矿业、信息产业、文化产业等方面形成的服务优势，恒达国际公关顾问有限公司决定召开一个客户交流联谊会，邀请当地政府机关主管部门、行业协会、知名企业、跨国公司以及各类国际组织的相关人士，共计38人。会议的主要内容是进一步加深与各行业、各部门的联系，征询客户的新需求，探讨公关工作的新趋向。恒达公关成立会务筹备小组，下设秘书组、接待组、联络宣传组，调拨会议专项经费18万元，统一安排食宿，后两天还安排了到张家界实地参观考察的活动。会议时间：20××年6月26日至28日，会期三天。报到时间：12月25日。会议地点：恒达大酒店（长沙市雨花区香南路88号）。
　　（注：题干中未明确的内容、数据请自己补足信息，除姓名和单位名称外，其余信息不可用××代替。）</td></tr>
<tr><td colspan="2">　　以下是要求你完成的相关工作任务：
①会议筹备：根据所提供的情境材料拟写这个会议的筹备方案。
②会后工作：请说明结算会议开支费用的程序，以便条的形式答复。</td></tr>
</table>

（2）考核时量

90分钟

37.试题编号：H4-37 会议筹备、会后工作

（1）任务描述

你是恒达商业集团旗下的恒达生物医药公司办公室秘书助理郭慧，下面是办公室主任冯宏浩发来的工作备忘录。

<table>
<tr><td colspan="2" align="center">备忘录</td></tr>
<tr><td colspan="2">发给：郭慧——办公室秘书</td></tr>
<tr><td colspan="2">发自：冯宏浩——办公室主任</td></tr>
<tr><td colspan="2">日期：6月20日</td></tr>
</table>

内容：办会

　　为促进生物化学与分子生物学领域专家，学者的交流与合作，湖南省生物化学与分子生物学学会定于20××年7月25日至26日在湖南省长沙市召开学术交流会议。本次会议的与会代表约80人，会议组委会邀请张超院士、欧阳中杰教授、夏林教授、常晨教授等到大会作专题报告。参会人员要求全省各生物医药类高校代表、各生物医药公司、各生物医药厂代表各两人。主办单位：湖南省生物化学与分子生物学学会；承办单位：恒达生物医药公司。大会主题：生物医药的基础与应用。分会主题：生物医药的研发；前沿生物技术；基础理论进展。会议时间、地点：20××年7月25日至26日；湖南省长沙市恒达大酒店（长沙市雨花区香南路68号）。日程安排：7月24日：全天报到；报到地点：长沙市恒达大酒店。7月25日：上午8：00—11：40开幕式，合影留念，张超院士、欧阳中杰教授专题报告（主会场）；下午1：40—3：40夏林教授、常晨教授专题报告（主会场）；4：00—5：40分3个分会场进行学术交流；6：00—8：00宴会；晚上8：00—8：30湖南省恒达生化与分子生物学会成立周年庆典大会。7月26日：上午8：00—10：30 3个分会场进行学术交流；上午10：40—11：40闭幕式，颁发会议评选出的青年（45岁以下）优秀论文奖状及奖品；下午2：00—6：00长沙文化考察。会议组委会安排二条旅游线路，各位代表分别各选一条线路（代表参加旅游费用由大会承担）。会议费用：会议期间统一安排用餐，住宿费与交通费自理，会务费：500元/人。

　　（注：题干中未明确的内容、数据请自己补足信息，除姓名和单位名称外，其余信息不可用××代替。）

　　以下是要求你完成的相关工作任务：

　　①会议筹备：根据所提供的情境材料拟写会议的筹备方案。

　　②会后工作：请说明会议催办有哪几种方式，以便条的形式答复。

（2）考核时量

90分钟

38.试题编号：H4-38 会议筹备、会后工作

（1）任务描述

　　你是恒达商业集团旗下的恒达建筑公司行政部经理助理郭慧，下面是行政经理冯宏浩发来的工作备忘录。

备忘录
发给：郭慧——行政助理
发自：冯宏浩——行政经理
日期：10月8日
内容：办会
为认真做好《通风与空调工程施工规范》(GB50738-2011)（以下简称《规范》）的宣贯、实施及监督工作，确保《规范》中的有关规定及强制性条文得到准确理解和掌握，加强通风与空调工程施工安装技术管理，规范施工工艺，强化施工安装过程控制，确保工程质量，恒达建筑公司经研究决定于20××年11月10日召开宣传贯彻培训会议，由公司培

训部部长张浩天解读《规范》，赵理副总经理作案例解析，工程部部长常军作实践经验和先进做法交流。会议的内容主要是《规范》编制的背景、重要意义、原则、适用范围；全文解读；通风与空调工程现场施工操作工序、施工质量控制及运行调试技术介绍等；强制性条文解读；案例解析、实践经验和先进做法交流。会议时间和地点：时间 20×× 年 11 月 10 日至 11 日，会期一天半，11 月 9 日 13：00—21：00 报到；地点在恒达大酒店（长沙市雨花区香南路 88 号。电话：0731-86111111）。参加人员：各分公司设计、施工、监理人员各 3～5 名，共计 57 人。培训费用：公司统一安排餐饮、住宿（只包外地分公司人员），交通费自理。

（注：题干中未明确的内容、数据请自己补足信息，除姓名和单位名称外，其余信息不可用××代替。）

以下是要求你完成的相关工作任务：

①会议筹备：根据所提供的情境材料拟写会议筹备方案。

②会后工作：会议之后请撰写一篇新闻稿。

（2）考核时量

90 分钟

39.试题编号：H4-39 会议筹备、会后工作

（1）任务描述

你是恒达商业集团旗下的恒达会务服务公司行政部经理助理李琴，下面是行政经理张强发来的工作备忘录。

备忘录

发给：李琴——行政助理

发自：张强——行政经理

日期：4 月 2 日

内容：办会

为促进和指导 20×× 年全区机械制造企业安全生产标准化工作的有效开展，确保完成年度标准化工作任务，长沙市雨花区安全生产监督管理局经研究，决定举办机械制造企业安全生产标准化宣贯会。会议时间：20×× 年 5 月 8 日，上午 8：30 前报到，会期一天。会议地点：恒达大酒店（长沙市雨花区香南路 88 号）。会议内容：介绍雨花区机械制造企业达标情况；专家讲解安全标准化具体内容、实施方法、注意事项；参观大华汽车有限公司。参加对象：各街道、乡镇安监所具体负责机械制造标准化工作人员 1 名；20×× 年各开展机械制造标准化企业的负责人 1 名，约 50 人。主办单位：雨花区安全生产监督管理局。承办单位：恒达会务服务公司。会议经费：统一安排午餐和晚餐，住宿费、交通费自理，会务费 260 元/人。

（注：题干中未明确的内容、数据请自己补足信息，除姓名和单位名称外，其余信息不可用××代替。）

以下是要求你完成的相关工作任务：

①会议筹备：根据所提供的背景材料拟写会议筹备方案。

②会后工作：请说明如何进行会场清理工作，以便条的形式答复。

（2）考核时量

90 分钟

40.试题编号：H4-40 会议筹备、会后工作

（1）任务描述

你是恒达商业集团旗下的恒达文化商业广场行政部经理助理李琴，下面是行政经理张强发来的工作备忘录。

备忘录

发给：李琴——行政助理

发自：张强——行政经理

日期：5 月 10 日

内容：办会

为贯彻落实 20××年全国侨联文化宣传工作会议精神和《湖南省侨联关于贯彻〈省建设文化强省规划纲要（20××—20××）〉的意见》，进一步加强侨联宣传工作，推进侨联海内外文化交流，经研究，××区侨联决定召开区侨联文化宣传工作会议。请各与会单位按《会议预备通知》要求，就 20××年以来文化宣传工作的主要做法、成效、经验和今年以及今后一个时期的思路和举措，认真准备会议交流材料。在大会上交流发言的单位，区侨联将另行通知。各与会单位要高度重视，认真调查研究，积极提出带有全局性、普遍性的问题和具有指导性、可操作性的意见和建议。问题、意见和建议除在交流材料中反映外，还可以通过会议提案等方式专门提交。主办单位：××区侨联。承办单位：恒达文化商业广场。参会人员：区侨联领导和工作人员，各街道办事处一位领导同志和从事文化宣传工作的一位负责同志，新闻媒体记者，约 30 人。会议日程：6 月 11 日上午开幕式，学习 20××年全国侨联文化宣传工作会议精神，学习《湖南省侨联关于贯彻〈省建设文化强省规划纲要（20××—20××）〉的意见》，下午交流发言；6 月 12 日上午分组讨论，闭幕式，下午希望小学成立十周年庆典活动。会议时间：6 月 11 日至 12 日。报到时间：6 月 10 日。会议地点：恒达大酒店（长沙市雨花区香山路 22 号，请参会人员自行到达）。总机：0731-88885555）。会议经费：会务费 500 元/人，会议期间统一安排用餐，住宿自理。相关事项：请各与会单位详细填写《会议回执》，并于 6 月 8 日前传真至区侨联文化部（0731-88886666），以便安排会议服务。联系人：张晓 0731-88887777，13807318888。

（注：题干中未明确的内容、数据请自己补足信息，除姓名和单位名称外，其余信息不可用××代替。）

以下是要求你完成的相关工作任务：

①会议筹备：根据所提供的情境材料拟写会议筹备方案。

②会后工作：请说明会后要做哪些善后工作，以便条的形式答复。

（2）考核时量

90 分钟

三、跨岗位综合技能

模块一 活动策划

1.试题编号：Z1-1 仪式庆典

（1）任务描述

你是湖南万科金域蓝湾物业公司行政部经理助理刘琴，下面是行政经理发来的工作备忘录：

备忘录

发给：刘琴——行政助理
 发自：李林——行政经理
 日期：5月12日
 内容：公司十周年庆典策划
 	
     今年5月28日，万科金域蓝湾物业公司将迎来第十个年头。十年成长，公司以完善的管理体系、严格的规章制度、优质的服务意识获得了业内人士的一致赞誉。但随着经济的发展，同行业公司都在争相上位，争得荣誉与信誉，在这样一个竞争的年代，公司的竞争压力随之也进一步加大，如何在众多同行企业中脱颖而出，是公司目前面临的主要问题。此时的我们要自主创新，在提高质量的同时更要进一步提升和巩固公司的知名度和影响力，才能鹤立鸡群，成为物业行业的佼佼者。在各大物业公司争相举办活动来达到这一目标时，我们不能无动于衷，要通过一系列商务活动策划来实现这个目标，从而获取更多的社会和经济效益。
 	
     公司办公会议决定于本月28日举办万科金域蓝湾物业公司十周年庆典活动。本次活动不仅是为回馈客户而精心举办的一次答谢会，更是万科集团总公司"城市配套服务商"战略转型后的一次思考与承诺的实践，同时在另一方面也是总结公司10年以来的工作业绩，并对公司未来的发展做好规划，为公司员工提供自我展示平台，彰显企业文化，为员工维护企业提供核心精神支柱。
 	
     根据公司办公会议确定的指导思想，请为本公司此次的十年庆典活动拟制一份策划方案。

（2）考核时量

60分钟

2.试题编号：Z1-2 仪式庆典

（1）任务描述

你是瑞程电器有限公司行政部经理助理黄丽，下面是行政经理发来的工作备忘录：

备忘录
发给：黄丽——行政助理   发自：孔奇——行政经理   日期：6月2日   内容：公司开业庆典策划

　　瑞程电器有限公司自创建以来，一直秉持"专业专营、优质优惠"的经营理念，立足于湖南市场，在发展过程中不断创新经营思路，努力提升销售业绩，成为湖南家电市场当之无愧的第一品牌。但随着电商互联网等新媒体的高速发展，公司实体店的经营受到很大的冲击，电商的销售额明显地高于实体店的销售。在电商高速发展的大环境下，公司连锁的零售实体店的经营陷入困境，面临着极大的挑战。与时俱进，经营模式转型是公司的当务之急，进军电商领域，利用电子商务平台实施营销战略是突破公司发展瓶颈的唯一出路。

　　经公司前期筹备，拟定于本月成立瑞新网络销售公司。为扩大宣传，树立公司在业界的社会形象，同时提高瑞新网络销售公司的知名度，将网络销售平台逐步推向市场，拟于6月18日在公司新落成的瑞新大厦举办开业庆典活动。届时将举行剪彩仪式，广邀当地媒体、同行及客户代表参加，也将特邀主管部门领导莅临指导。

　　请为本公司此次的开业庆典活动拟制一份策划方案。

（2）考核时量

60分钟

3.试题编号：Z1-3 签字仪式

（1）任务描述

你是湖南恒远商务公司行政部经理助理赵琴，下面是行政经理王林发来的工作备忘录：

备忘录

发给：赵琴——行政助理

发自：王林——行政经理

日期：5月12日

内容：签字仪式策划

　　为庆祝本公司与飞翔商务有限公司正式开展合作，扩大本公司在行业内的知名度，推广企业品牌形象及答谢政府机关、兄弟单位和广大客户对我们的大力支持，特定于5月28日，在海天大酒店二楼宴会厅举办"恒远公司与飞翔长沙分行合作签字仪式"活动。

　　本活动以小型酒会的形式举办。酒会以"款待、庆贺"为主要基调，以"规模、气势、专业、热烈、隆重"的感官印象，增强其对恒远公司的信任感和亲和力。活动分为签字仪式和来宾答谢两大部分。签字仪式要气氛隆重、热烈，突出企业的品牌形象；来宾答谢部分则要体现本公司的亲和力。

　　根据公司办公会议确定的指导思想，请为本公司此次的签字仪式拟制一份策划方案。

（2）考核时量

60分钟

4.试题编号：Z1-4 信息发布会

（1）任务描述

你是长沙龙途户外活动有限公司行政部经理助理郭丽，下面是行政经理赵奇发来的工作备忘录：

备忘录

发给：郭丽——行政助理

发自：赵奇——行政经理

日期：6月2日

内容：信息发布会策划

  忙碌的城市生活，繁重的工作压力，让人在都市中迷失自我，身心疲惫。高速的经济增长及城市化进程，使更多的人没有精力和时间来亲近自然，享受大自然的清新。越来越多的人想利用休息时间，找一个远离城市喧嚣，亲近自然的地方来放松自我、释放压力。我国现阶段的家庭多以三口之家为主，孩子面对孤独的成长环境，家长苦恼于如何给孩子更多的关怀和爱，但大部分家庭都没有足够的时间和方式来给予。面对失去更多关爱的孩子，亲子的活动显得更具市场。同时更够给孩子带来一个广阔的成长机会。在这种背景下， 能够建设一个符合人们需求，并且真正意义上提供一种亲近自然、放松心情、亲子活动、健身休闲为一体的生活方式显得至关重要。现在的家庭，对于户外都有很深刻的理解，很多家庭都具备户外活动的基础条件。拥有私家车、拥有户外露营的帐篷、拥有户外生活的服装、拥有户外生活的知识……唯一缺少的是一个能够让更多家庭选择的合适的户外营地。湖南户外资源丰富，但户外环境存在一定的安全风险，很多家庭不愿意承担这样的风险，特别是拥有孩子的家庭。所以能够建设一个值得选择、环境优美、有安全保障的户外营地是当下市场的巨大需求。建设以休闲、露营、自驾为主体的户外营地，辅以自助烧烤、徒步、娱乐、健身、少儿活动着力打造以放松身心、亲子活动、娱乐休闲为主要目的活动中心。远离城市建筑，建设基础性设施，如停车场、道路、卫生间、接待中心等；打造亲近自然、绿色休闲的主题文化园，配套经营攀岩墙、烧烤设施租赁、露营装备租赁、户外装备的销售、户外活动的组织与实施细则等。

  根据公司确定的指导思想拟举办一个信息发布会，以吸引和寻求有共同志向的人士或公司共同合作与开发此项目。届时将广邀当地媒体、同行及客户代表参加，也将特邀主管部门领导莅临指导。

  请为本公司此次的信息发布会拟制一份策划方案。

  （2）考核时量

60分钟

5.试题编号：Z1-5 产品推介会

  （1）任务描述

  你是长沙蝶园服饰有限公司行政部经理助理郭丽，下面是行政经理赵奇发来的工作备忘录：

备忘录

发给：郭丽——行政助理

发自：赵奇——行政经理

日期：1月5日

内容：产品推介会策划

  新的一年中国蝶园女装作为中国女装十大品牌之一，一直引领着国内时尚潮流。可以说，蝶园树立的时尚指标就是下一季的流行趋势。在新年伊始之际，蝶园正式发布春夏新品。此次新品推介会一直吸引着时尚界媒体人士的眼球，所有人都在翘首企盼这次时尚盛宴。此次推介会主题是"蝶舞云裳"。时间：1月18日。地点：长沙丽凯大酒店二楼会议厅。新品系列：小西装——将时尚与职业女性的商业气息相结合；针织衫——休闲、流行、淑女；雪纺衫——甜美、可爱、活泼。通过此次推介会，公司将把新年春夏流行元素推向市场，全面推进品牌产品对整个流行市场的影响。届时将广邀各路媒体代表参加，同时要合理使用网络媒介，广泛深刻地进行传播。

请为本公司此次的产品推介会拟制一份策划方案。

（2）考核时量

60 分钟

6.试题编号：Z1-6 记者招待会

（1）任务描述

你是恒达食品经销公司行政部经理助理郭丽，下面是行政经理赵奇发来的工作备忘录：

备忘录

发给：郭丽——行政助理

发自：赵奇——行政经理

日期：6月2日

内容：记者招待会策划

随着人民生活水平的提高，物质生活的丰富，各行各业的竞争也日益激烈。虽然公司产品和品牌一直处于引领地位，在行业竞争中拥有绝对优势，但是公司近期在也遭遇了激烈的竞争，所以，在公司长远战略的指引下，多次开展促销和回馈新老客户的活动。公司根据促销需要进行了几番价格的调整。消费者也因此对产品价格方面的变动存在诸多不解并引发投诉。为表达消费者对我公司品牌长久的支持和监督，特通过此次活动答谢广大消费者，同时借助此次招待会澄清我公司在"3·15"消费者维权日中多次被曝光的食品价格和包装破损问题，解决消费者在我公司购物过程中遇到的困扰，希望新老顾客能继续支持和监督我们，更希望通过在场的媒体和社会的监督，让公司能够发现经营、服务等方面存在的不足，努力改善产品及服务质量，提高服务效率，做真正的诚信、诚心好企业。届时将广邀当地媒体、同行及客户代表参加，也将特邀主管部门领导莅临指导。

请为本公司此次记者招待会拟制一份策划方案。

（2）考核时量

60 分钟

模块二 辅助决策

1.试题编号：Z2-1 项目管理

（1）任务描述

恒达生鲜超市行政助理李光收到行政总监许多发来的备忘录：

备忘录

发给：李光

发自：许多

日期：11 月 10 日

内容：就解决 M 村生猪养殖户管理问题提出具体建议，为公司提供决策参考

相关背景材料：

恒达生鲜超市与 M 村签署合作协议，定向收购该村养殖的土花猪。

M 村地处偏僻山区，全村 2000 多户村民，养殖土花猪是 M 村的传统产业，是农户主要收入来源。

养殖规模扩大以后，出现了新的问题。首先是生猪养殖污染问题突出。有的村民随意违建猪舍、倾倒猪粪，随意处理病死猪，村里环境越来越差。

其次是养殖数量统计问题。要知道村里有多少头猪这么一个简单的问题，却难倒了村委会主任。村委会到每个养殖户家中询问状况，等到一家家跑下来，汇总统计之后，却发现生猪数字总是动态的。数据交上来后，实际情况总会和报上来的不太一样。

涉及的相关问题还有：猪舍面积多少，沼气池、沼液池、三格式化粪池建设情况如何，是否按照生猪数量收取养殖污染处置费等。

从消费者的角度来看，还有如何保证猪肉来源的可靠，一旦出现问题，如何更准确、迅速地追溯到源头，出栏前检疫证明情况，供给侧改革背景下生猪养殖业如何减量提质，生猪养殖污染和养殖安全问题如何解决，仔猪出生免疫、出售检疫、屠宰检疫如何实现实时全程动态管理等问题。

要求：标题规范；正文内容全面、系统；语言得体，措施有可行性；字数 600～1200 字。

（2）考核时量

60 分钟

2.试题编号：Z2-2 危机管理

（1）任务描述

恒达集团公司行政助理李光收到行政总监许多发来的备忘录：

备忘录

发给：李光

发自：许多

日期：11 月 10 日

内容：就 G 村上访问题提出具体建议，为总经理参与处理该事件提供参考意见

相关背景材料：

M 村地处偏僻山区，全村 2000 多户村民，养殖土花猪是 M 村的传统产业，是农户主要收入来源。恒达生鲜超市与 M 村签署合作协议，定向收购该村养殖的土花猪。恒达集团利用现代化信息技术，建立"生猪信息化管理系统"，对该项目的运行实施全程实时动态管理。

但部分村民仍然偷偷将猪粪、病死猪随意扔入小溪，并激起下游 G 村村民强烈不满。现 G 村村民集体到镇政府上访，镇长要求公司总经理出面协同处理该事件。

要求：标题规范；正文内容全面、系统；语言得体，措施有可行性；字数 600～1200 字。

（2）考核时量

60分钟

3.试题编号：Z2-3 项目管理

（1）任务描述

行政助理李光收到行政总监许多发来的备忘录：

备忘录

发给：李光

发自：许多

日期：11月10日

相关背景材料：

行政部经过分析发现，员工手机通话量的80%是在企业内部员工之间进行的，而90%的企业内部通话者之间的距离不到100米。如果能引入一项新技术降低或者免掉内部员工通话费，这对集团来说将能节省很大一笔费用。

行政部找了集团局域网的原集成商A公司，A公司选中了一种基于无线局域网 IEEE 802.11n改进的新技术"无线通"手机通信系统，也了解到有一家山寨机厂家在生产这种新技术手机。这种手机能自动识别"无线通"、移动和联通，其中"无线通"为优先接入。经过初步试验，发现通话效果很好。因为是构建在集团现有的局域网之上，所以除去购买专用无线路由器和这种廉价手机之外，内部通话不用缴费。

但是，等到"无线通"在集团内部推广时，发现信号覆盖有空白、噪声太大、高峰时段很难打进打出。更麻烦的是，政府主管部门要我们暂停该项目。

造成这种局面的可能原因是什么？目前可能面临的风险有哪些？为走出目前的局面，可以采取什么措施？请给出决策建议。

要求：①标题规范。②正文内容全面、系统。③语言得体，建议有可行性。④字数：600～1200字。

（2）考核时量

60分钟

4.试题编号：Z2-4 危机管理

（1）任务描述

行政助理李光收到行政总监许多发来的备忘录：

备忘录

发给：李光

发自：许多

日期：11月10日

相关背景材料：

因含有苯及其他有毒物质的污水泄入××江，政府暂停供水4天。不信任及恐慌情绪蔓延，社会上开始流传×啤啤酒的水源受到污染。虽然副总经理向媒体表示，由于生产用水

一直来自厂内地下80米的深井，自来水只是非生产用水，所以这次停水对企业影响不大。但是，消费者开始抢购污染事件之前生产的×啤啤酒。因此，市场部预估污染事件之后生产的×啤啤酒极有可能会出现滞销的结果。

此外，竞争对手拉开了市场份额争夺战。另一品牌的啤酒迅速登陆我市。在我市停水的第二天，另一品牌就上演了送水进医院的"生死时速"的公益活动，整个送水事件当天就被我市《生活报》以大篇幅进行报道，公益活动十分夺人眼球。

集团应该如何应对此次危机？请给出决策建议。

要求：①标题规范。②正文内容全面、系统。③语言得体，建议有可行性。④字数：600～1200字。

（2）考核时量

60分钟

附录：评分标准

一、职业道德与行为表现部分（总分：20分）

评价内容		配分	评价标准	扣分细则
职业道德	遵纪守法	3	遵守国家法律规章、社会良俗及考点规章制度。	按等级赋分，优秀为2.7~3分，良好为2.3~2.6分，合格为1.8~2.2分，不合格为0~1.7分。
	谦逊平和	3	谦虚有礼，态度平和，情绪稳定，沉着镇静。	
	严谨细致	3	按操作规程操作办公设备，轻拿轻放，自觉归位。	
	勤俭敬业	3	节约办公用品，讲究环境卫生。	
行为表现	着装	3	款式得体，色调和谐，符合体型特征。	按等级赋分，优秀为1.8~2分，良好为1.5~1.7分，合格为1.2~1.4分，不合格为0~1.1分。
	妆容	3	妆容自然，干净整洁，发型得体。	
	行为举止	2	大方、端庄、自然、自如。	

二、技能考核部分（总分：80分）

（一）专业基本技能
模块一 文字录入

1.试题编号：J1–1至J1–30 文字录入

评价内容		配分	评价标准	扣分细则
文字录入	速度	60	内容全面完整，记录准确。	按每分钟50字为合格标准来计分。正确字数中以983字为基数，对应分值为36分；每多10个字加1分，加至60分为止；每少10个字扣1分，扣完为止。
	准确率	15	无错别字，标点符号使用得当。	每1个错别字（或使用不当的标点）扣1分，扣完为止。
	排版	5	有自然段落，卷面美观。	无自然段落，卷面欠美观，酌情扣1~5分。

模块二 办公自动化

1.试题编号：J2-1 办公设备操作

评价内容		配分	评价标准	扣分细则
办公自动化	表格形式	20	表格标题、表头、字体、字号、对齐方式美观规范。	每错一项扣2分。错别字扣1分/个，不重复扣分。
	表格内容	60	主板、显卡、CPU、内存、硬盘、液晶显示器、机箱、电源、散热器、光驱、声卡、网卡、键鼠套装等硬件项目名称、品牌、价位等。	前6项每错（漏）一项扣6分。后7项每错（漏）一项扣3分。错别字扣1分/个，不重复扣分。

2.试题编号：J2-2 办公设备操作

评价内容		配分	评价标准	扣分细则
办公自动化	表格形式	20	表格标题、表头、字体、字号、对齐方式美观规范。	每错一项扣2分。错别字扣1分/个，不重复扣分。
	表格内容	60	主板、显卡、CPU、内存、硬盘、液晶显示器、光驱等硬件项目名称、品牌、价位等。	每错（漏）一项扣6分，答对6项即不扣分。价格预算明显不合理或出现遗漏，每项扣4分。错别字扣1分/个，不重复扣分。

3.试题编号：J2-3 办公设备操作

评价内容		配分	评价标准	扣分细则
办公自动化	表格形式	20	表格标题、表头、字体字号、对齐方式美观规范。	每错一项扣2分。错别字扣1分/个，不重复扣分。
	内容	60	主机日常维护分四大类，并介绍每一类的具体内容。	四大类每错（漏）一项扣10分。每项内容明显错误或出现明显遗漏，每小项扣3分。错别字扣1分/个，不重复扣分。

4.试题编号：J2-4 办公设备操作

评价内容		配分	评价标准	扣分细则
办公自动化	电子邮件格式	20	电子邮件结构完整（收件人、发件人、主题、称谓、问候语、正文、落款）、排版规范。	每错一项扣2分。错别字扣1分/个，不重复扣分。备注：以附件形式作答者不扣分。
	内容	60	硬件维护、软件维护、网络维护、数据维护等。	每错（漏）一项扣10分。错别字扣1分/个，不重复扣分。

5.试题编号：J2-5 办公设备操作

评价内容		配分	评价标准	扣分细则
办公自动化	电子邮件格式	20	电子邮件结构完整（收件人、发件人、主题、称谓、问候语、正文、落款）、排版规范。	每错一项扣2分。错别字扣1分/个，不重复扣分。 备注：以附件形式作答者不扣分。
	内容	60	开机顺序、关机顺序；开机、关机具体操作流程。	四大项各占15分。每错（漏）一小项酌情扣3~5分。错别字扣1分/个，不重复扣分。 备注：未答UPS稳压电源的开关流程者不扣分。

6.试题编号：J2-6 办公设备操作

评价内容		配分	评价标准	扣分细则
办公自动化	电子邮件格式	20	电子邮件结构完整（收件人、发件人、主题、称谓、问候语、正文、落款）、排版规范。	每错一项扣2分。错别字扣1分/个，不重复扣分。 备注：以附件形式作答者不扣分。
	内容	60	2项危害，4项注意事项。	六大项每错（漏）一大项扣10分。错别字扣1分/个，不重复扣分。

7.试题编号：J2-7 办公设备操作

评价内容		配分	评价标准	扣分细则
办公自动化	表格形式	20	表格标题、表头、字体字号、对齐方式美观规范。	每错一项扣2分。错别字扣1分/个，不重复扣分。
	表格内容	60	列出不少于6种常用办公设备的名称、首选品牌、估算价格等。	按6项赋分。按设备重要性递减安排，前三项每错（漏）一项扣6分，后三项设备名称允许有一定灵活性，但每少（漏）一项扣6分。首选品牌、价格预算明显不合理或出现遗漏，每项扣3分。错别字扣1分/个，不重复扣分。 备注：多答者不另行加分。能准确说明市场最新畅销产品型号者酌情加1~2分。

8.试题编号：J2-8 办公设备操作

评价内容		配分	评价标准	扣分细则
办公自动化	电子邮件格式	20	电子邮件结构完整（收件人、发件人、主题、称谓、问候语、正文、落款）、排版规范。	每错一项扣2分。错别字扣1分/个，不重复扣分。备注：以附件形式作答者不扣分。
	内容	60	4项选购要领，6个使用注意事项。	共10项，每错（漏）一项扣6分。表述不够准确者酌情扣1~4分。错别字扣1分/个，不重复扣分。备注：需符合考核时的市场行情。

9.试题编号：J2-9 办公设备操作

评价内容		配分	评价标准	扣分细则
办公自动化	电子邮件格式	20	电子邮件结构完整（收件人、发件人、主题、称谓、问候语、正文、落款）、排版规范。	每错一项扣2分。错别字扣1分/个，不重复扣分。备注：以附件形式答者不扣分。
	内容	60	1项容量建议，4项主流品牌名称，品牌优劣分析。	容量建议、品牌建议共5项，每错（漏）一项扣10分。优劣表述不够完整、不够准确者酌情扣1~5分。错别字扣1分/个，不重复扣分。备注：需符合考核时市场行情，答其他主流品牌酌情给分。

10.试题编号：J2-10 办公设备操作

评价内容		配分	评价标准	扣分细则
办公自动化	表格形式	20	表格标题、表头、字体、字号、对齐方式美观规范。	每错一项扣2分。错别字扣1分/个，不重复扣分。
	表格内容	60	有存档价值的代表性场景及相应构图设想。	要求答对6个代表性场景，每错（漏）一项扣6分。相关构图每错（漏）一项扣4分。备注：构图设想言之有理者给分，有特别创意者酌情给分。

11.试题编号：J2-11 办公设备操作

评价内容		配分	评价标准	扣分细则
办公自动化	表格形式	20	表格标题、表头、字体、字号、对齐方式美观规范。	每错一项扣2分。错别字扣1分/个，不重复扣分。
	表格内容	60	6个代表性场景及4个分镜头构想。	要求答对6个代表性场景，每错（漏）一项扣6分。分镜头拍摄构想，每错（漏）一项扣4分。 备注：言之有理者给分，有特别创意者酌情给分。

12.试题编号：J2-12 办公设备操作

评价内容		配分	评价标准	扣分细则
办公自动化	电子邮件格式	20	电子邮件结构完整（收件人、发件人、主题、称谓、问候语、正文、落款）、排版规范。	每错一项扣2分。错别字扣1分/个，不重复扣分。 备注：以附件形式作答者不扣分。
	内容	60	3项种类，4项主流品牌名称，1项建议。	种类、建议共4项，每错（漏）一项扣10分。主流品牌4项，每缺少一项扣5分。错别字扣1分/个，不重复扣分。 备注：推荐其他合理产品、回答其他主流品牌酌情给分。

13.试题编号：J2-13 办公设备操作

评价内容		配分	评价标准	扣分细则
办公自动化	电子邮件格式	20	电子邮件结构完整（收件人、发件人、主题、称谓、问候语、正文、落款）、排版规范。	每错一项扣2分。错别字扣1分/个，不重复扣分。 备注：以附件形式答者不扣分。
	内容	60	5项原因，5项注意事项，4项处理流程。	原因5项、注意事项5项，每错（漏）一项扣4分。处理流程4项，每缺少一项扣5分。错别字扣1分/个，不重复扣分。 备注：言之有理者酌情给分。

14.试题编号：J2-14办公设备操作

评价内容		配分	评价标准	扣分细则
办公自动化	电子邮件格式	20	电子邮件结构完整（收件人、发件人、主题、称谓、问候语、正文、落款）、排版规范。	每错一项扣2分。错别字扣1分/个，不重复扣分。 备注：以附件形式作答者不扣分。
	内容	60	5项手动发送步骤。	每错（漏）一项扣12分。表述不够完整酌情扣1~5分。错别字扣1分/个，不重复扣分。 备注：言之有理者酌情给分。

15.试题编号：J2-15办公设备操作

评价内容		配分	评价标准	扣分细则
办公自动化	电子邮件格式	20	电子邮件结构完整（收件人、发件人、主题、称谓、问候语、正文、落款）、排版规范。	每错一项扣2分。错别字扣1分/个，不重复扣分。 备注：以附件形式作答者不扣分。
	内容	60	5项原因，5项注意事项，4项处理流程。	原因5项、注意事项5项，每错（漏）一项扣4分。处理流程4项，每缺少一项扣5分。错别字扣1分/个，不重复扣分。 备注：言之有理者酌情给分。

16.试题编号：J2-16办公设备操作

评价内容		配分	评价标准	扣分细则
办公自动化	电子邮件格式	20	电子邮件结构完整（收件人、发件人、主题、称谓、问候语、正文、落款）、排版规范。	每错一项扣2分。错别字扣1分/个，不重复扣分。 备注：以附件形式作答者不扣分。
	内容	60	6步操作流程。	每错（漏）一个步骤扣10分。错别字扣1分/个，不重复扣分。 备注：个别步骤相互颠倒，可酌情给分。

17.试题编号：J2-17办公设备操作

评价内容		配分	评价标准	扣分细则
办公自动化	电子邮件格式	20	电子邮件结构完整（收件人、发件人、主题、称谓、问候语、正文、落款）、排版规范。	每错一项扣2分。错别字扣1分/个，不重复扣分。备注：以附件形式作答者不扣分。
	内容要领	60	6步处理流程。	每错（漏）一步扣10分。错别字扣1分/个，不重复扣分。备注：言之有理者酌情给分。

18.试题编号：J2-18办公设备操作

评价内容		配分	评价标准	扣分细则
办公自动化	电子邮件格式	20	电子邮件结构完整（收件人、发件人、主题、称谓、问候语、正文、落款）、排版规范。	每错一项扣2分。错别字扣1分/个，不重复扣分。备注：以附件形式作答者不扣分。
	内容要领	60	6个注意事项。	注意事项共6项，每错（漏）一项扣10分。错别字扣1分/个，不重复扣分。备注：言之有理者酌情给分。

19.试题编号：J2-19办公设备操作

评价内容		配分	评价标准	扣分细则
办公自动化	电子邮件格式	20	电子邮件结构完整（收件人、发件人、主题、称谓、问候语、正文、落款）、排版规范。	每错一项扣2分。错别字扣1分/个，不重复扣分。备注：以附件形式答者不扣分。
	内容要领	60	6个注意事项。	注意事项共6项，每错（漏）一项扣10分。错别字扣1分/个，不重复扣分。备注：言之有理者酌情给分。

20.试题编号：J2-20办公设备操作

评价内容		配分	评价标准	扣分细则
办公自动化	电子邮件格式	20	电子邮件结构完整（收件人、发件人、主题、称谓、问候语、正文、落款）、排版规范。	每错一项扣2分。错别字扣1分/个，不重复扣分。备注：以附件形式答者不扣分。
	内容要领	60	6项操作流程。	操作流程6项，每错（漏）一项扣10分。错别字扣1分/个，不重复扣分。备注：言之有理者酌情给分。

21.试题编号：J2-21办公设备操作

评价内容		配分	评价标准	扣分细则
办公自动化	电子邮件格式	20	电子邮件结构完整（收件人、发件人、主题、称谓、问候语、正文、落款）、排版规范。	每错一项扣2分。错别字扣1分/个，不重复扣分。备注：以附件形式答者不扣分。
	内容要领	60	操作流程与方法共5项。	操作流程与方法共5项，每错（漏）一项扣12分。错别字扣1分/个，不重复扣分。备注：言之有理者酌情给分。

22.试题编号：J2-22办公设备操作

评价内容		配分	评价标准	扣分细则
办公自动化	电子邮件格式	20	电子邮件结构完整（收件人、发件人、主题、称谓、问候语、正文、落款）、排版规范。	每错一项扣2分。错别字扣1分/个，不重复扣分。备注：以附件形式作答者不扣分。
	内容	60	4项流程	处理流程4项，每缺少一项扣15分。错别字扣1分/个，不重复扣分。备注：言之有理者酌情赋分。

23.试题编号：J2-23办公设备操作

评价内容		配分	评价标准	扣分细则
办公自动化	电子邮件格式	20	电子邮件结构完整（收件人、发件人、主题、称谓、问候语、正文、落款）、排版规范。	每错一项扣2分。错别字扣1分/个，不重复扣分。备注：以附件形式作答者不扣分。
	内容	60	6个步操作步骤，归纳文字简明扼要。	6步操作步骤，每错（漏）一项扣10分。错别字扣1分/个，不重复扣分。备注：言之有理者酌情给分。

24.试题编号：J2-24办公设备操作

评价内容		配分	评价标准	扣分细则
办公自动化	电子邮件格式	20	电子邮件结构完整（收件人、发件人、主题、称谓、问候语、正文、落款）、排版规范。	每错一项扣2分。错别字扣1分/个，不重复扣分。备注：以附件形式作答者不扣分。
	内容	60	6个步骤。	每错（漏）一项扣10分。错别字扣1分/个，不重复扣分。备注：提倡考生用自己的语言归纳要点，言之有理者酌情给分。

25.试题编号：J2-25办公软件使用

评价内容		配分	评价标准	扣分细则
办公自动化	信息录入	20	信息完整、准确。	每错一项扣2分。错别字扣1分/个，不重复扣分。
	编辑处理	60	4步流程。	每错（漏）一项扣15分。错别字扣1分/个，不重复扣分。

26.试题编号：J2-26 办公软件使用

评价内容		配分	评价标准	扣分细则
办公自动化	整体风格	20	PPT标题页、正文、致谢页结构完整。整体风格适宜，界面美观、简约大方，避免使用卡通风格界面。	每错一项扣6~10分。错别字扣1分/个，不重复扣分。
	内容安排	60	通过播放检测动画效果、组织结构图、超链接。	动画效果设计错（漏）扣10分。组织结构图错（漏）扣30分。超链接错（漏）扣20分。

27.试题编号：J2-27办公软件使用

评价内容		配分	评价标准	扣分细则
办公自动化	电子邮件格式	20	电子邮件结构完整（收件人、发件人、主题、称谓、问候语、正文、落款）、排版规范。	每错一项扣2分。错别字扣1分/个，不重复扣分。备注：以附件形式作答者不扣分。
	内容	60	软件系统分为两大类，每一大类各分为三小类。	两大类每错（漏）一大项扣30分。每一大类中的小类每错（漏）一项扣10分。错别字扣1分/个，不重复扣分。

28.试题编号：J2-28办公软件使用

评价内容		配分	评价标准	扣分细则
办公自动化	电子邮件格式	20	电子邮件结构完整（收件人、发件人、主题、称谓、问候语、正文、落款）、排版规范。	每错一项扣2分。错别字扣1分/个，不重复扣分。备注：以附件形式作答者不扣分。
	内容	60	5项特征，5个注意事项。	共10项，每错（漏）一项扣6分。答案不够准确者酌情扣1~4分。错别字扣1分/个，不重复扣分。

29.试题编号：J2-29办公软件使用

评价内容		配分	评价标准	扣分细则
办公自动化	电子邮件格式	20	电子邮件结构完整（收件人、发件人、主题、称谓、问候语、正文、落款）、排版规范。	每错一项扣2分。错别字扣1分/个，不重复扣分。备注：以附件形式作答者不扣分。
	内容要领	60	4项前期准备、6项制作过程。	共10项，每错（漏）一项扣6分。错别字扣1分/个，不重复扣分。备注：言之有理者酌情给分。

30.试题编号：J2-30办公软件使用

评价内容		配分	评价标准	扣分细则
办公自动化	电子邮件格式	20	电子邮件结构完整（收件人、发件人、主题、称谓、问候语、正文、落款）、排版规范。	每错一项扣2分。错别字扣1分/个，不重复扣分。备注：以附件形式作答者不扣分。
	内容要领	60	6个步骤。	6大步骤，每错（漏）一项扣10分。错别字扣1分/个，不重复扣分。备注：言之有理者酌情赋分。

（二）岗位核心技能
模块一 办公室事务管理

1.试题编号：H1-1环境管理

评价内容		配分	评价标准	扣分细则
办公室事务管理	表达形式	20	便条标题、称谓、正文、习惯用语、落款齐全，排版规范。	每错一项扣2分。错别字扣1分/个，不重复扣分。
	考核内容	60	办公环境管理操作规范、正确。	每个考核点操作要点30分，第一个考核点要点不全酌情扣1~3分，扣完为止；第二个考核点要点不全酌情扣1~6分，扣完为止；错别字扣1分/个，不重复扣分。

2.试题编号：H1-2环境管理

评价内容		配分	评价标准	扣分细则
办公室事务管理	表达形式	20	便条标题、称谓、正文、习惯用语、落款齐全，排版规范。	每错一项扣2分。错别字扣1分/个，不重复扣分。
	考核内容	60	办公环境管理操作规范、正确。	每个考核点操作要点30分，第一个考核点要点不全酌情扣1~5分，扣完为止；第二个考核点要点不全酌情扣1~3分，扣完为止；错别字扣1分/个，不重复扣分。

3.试题编号：H1-3、H1-4环境管理

评价内容		配分	评价标准	扣分细则
办公室事务管理	表达形式	20	便条标题、称谓、正文、习惯用语、落款齐全，排版规范。	每错一项扣2分。错别字扣1分/个，不重复扣分。
	考核内容	60	办公环境管理操作规范、正确。	每个考核点操作要点30分，第一个考核点要点不全酌情扣1~5分，扣完为止；第二个考核点要点不全酌情扣1~3分，扣完为止；错别字扣1分/个，不重复扣分。

4.试题编号：H1-5环境管理

评价内容		配分	评价标准	扣分细则
办公室事务管理	表达形式	20	便条标题、称谓、正文、习惯用语、落款齐全、排版规范。表格标题规范，表格内各登记要素齐全。	每错一项扣2分。错别字扣1分/个，不重复扣分。
	考核内容	60	办公环境管理操作规范、正确。	每个考核点操作要点30分，第一个考核点要点不全酌情扣1~4分，扣完为止；第二个考核点要点不全酌情扣1~3分，扣完为止；错别字扣1分/个，不重复扣分。

5.试题编号：H1-6环境管理

评价内容		配分	评价标准	扣分细则
办公室事务管理	表达形式	20	便条标题、称谓、正文、习惯用语、落款齐全，排版规范。表格标题规范，表格内各登记要素齐全。	每错一项扣2分。错别字扣1分/个，不重复扣分。
	考核内容	60	办公环境管理操作规范、正确。	每个考核点操作要点30分，第一个考核点要点不全酌情扣1~3分，扣完为止；第二个考核点要点不全酌情扣1~4分，扣完为止；错别字扣1分/个，不重复扣分。

6.试题编号：H1-7、H1-8时间管理

评价内容		配分	评价标准	扣分细则
办公室事务管理	表达形式	20	便条标题、称谓、正文、习惯用语、落款齐全，排版规范。表格标题规范，表格内各登记要素齐全。	每错一项扣2分。错别字扣1分/个，不重复扣分。
	考核内容	60	办公室时间管理操作规范、正确。	每个考核点操作要点30分，要点不全酌情扣1~3分，扣完为止。错别字扣1分/个，不重复扣分。

7.试题编号：H1-9时间管理

评价内容		配分	评价标准	扣分细则
办公室事务管理	表达形式	20	便条标题、称谓、正文、习惯用语、落款齐全，排版规范。表格标题规范，表格内各登记要素齐全。	每错一项扣2分。错别字扣1分/个，不重复扣分。
	考核内容	60	办公室时间管理操作规范、正确。	每个考核点操作要点30分，第一个考核点要点不全酌情扣1~6分，扣完为止；第二个考核点要点不全酌情扣1~5分，扣完为止；错别字扣1分/个，不重复扣分。

8.试题编号：H1-10时间管理

评价内容		配分	评价标准	扣分细则
办公室事务管理	表达形式	20	便条标题、称谓、正文、习惯用语、落款齐全，排版规范。	每错一项扣2分。错别字扣1分/个，不重复扣分。
	考核内容	60	办公时间管理操作规范、正确。	每个考核点操作要点30分，第一个考核点要点不全酌情扣1~6分，扣完为止；第二个考核点要点不全酌情扣1~3分，扣完为止；错别字扣1分/个，不重复扣分。

9.试题编号：H1-11接待工作

评价内容		配分	评价标准	扣分细则
办公室事务管理	表达形式	20	结构要素规范，层次条理清楚，语言表达通顺、标点符号使用正确。	每错一项扣5分。错别字扣1分/个，不重复扣分。
	考核内容	60	标题、前言、接待规格、接待分工、接待日程安排、经费预算、落款等。	考核点操作要点60分，要点不全酌情扣1~8分，扣完为止。错别字扣1分/个，不重复扣分。

10.试题编号：H1-12接待工作

评价内容		配分	评价标准	扣分细则
办公室事务管理	表达形式	20	便条标题、称谓、正文、习惯用语、落款齐全，排版规范。文本表达通顺、简明扼要、条理清楚、标点符号使用正确、排版规范。	每错一项扣2分。错别字扣1分/个，不重复扣分。
	考核内容	60	办公接待工作操作规范、正确。	每个考核点操作要点30分，要点不全酌情扣1~6分，扣完为止。错别字扣1分/个，不重复扣分。

11.试题编号：H1-13接待工作

评价内容		配分	评价标准	扣分细则
办公室事务管理	表达形式	20	文本表达通顺、简明扼要、条理清楚、标点符号使用正确、排版规范。	每错一项扣2分。错别字扣1分/个，不重复扣分。
	考核内容	60	办公接待工作操作规范、正确。	每个考核点操作要点30分，要点不全酌情扣1~6分，扣完为止。错别字扣1分/个，不重复扣分。

12.试题编号：H1-14接待工作

评价内容		配分	评价标准	扣分细则
办公室事务管理	表达形式	20	便条标题、称谓、正文、习惯用语、落款齐全，排版规范。	每错一项扣2分。错别字扣1分/个，不重复扣分。
	考核内容	60	会议接待工作操作规范、正确。	每个考核点操作要点30分，要点不全酌情扣1~6分，扣完为止。错别字扣1分/个，不重复扣分。

13.试题编号：H1-15接待工作

评价内容		配分	评价标准	扣分细则
办公室事务管理	表达形式	20	文本表达通顺、简明扼要、条理清楚、标点符号使用正确、排版规范。表格标题规范，表格内各登记要素齐全。	每错一项扣2分。错别字扣1分/个，不重复扣分。
	考核内容	60	会议接待工作操作规范、正确。	每个考核点操作要点30分，要点不全酌情扣1~6分，扣完为止。错别字扣1分/个，不重复扣分。

14.试题编号：H1-16、H1-18电话接打

评价内容		配分	评价标准	扣分细则
办公室事务管理	表达形式	20	文本表达通顺、简明扼要、条理清楚、标点符号使用正确、排版规范。表格标题规范，表格内各登记要素齐全。	每错一项扣2分。错别字扣1分/个，不重复扣分。
	考核内容	60	办公电话接打操作规范、正确。记录单填写信息全面、准确、简要。	每个考核点操作要点30分，要点不全酌情扣1~6分，扣完为止。错别字扣1分/个，不重复扣分。

15.试题编号：H1-17电话接打

评价内容		配分	评价标准	扣分细则
办公室事务管理	表达形式	20	文本表达通顺、简明扼要、条理清楚、标点符号使用正确、排版规范。表格标题规范，表格内各登记要素齐全。	每错一项扣2分。错别字扣1分/个，不重复扣分。
	考核内容	60	办公电话接打操作规范、正确。记录单填写信息全面、准确、简要。	每个考核点操作要点30分，要点不全酌情扣1~5分，扣完为止。错别字扣1分/个，不重复扣分。

16.试题编号：H1-19、H1-20电话接打

评价内容		配分	评价标准	扣分细则
办公室事务管理	表达形式	20	文本表达通顺、简明扼要、条理清楚、标点符号使用正确、排版规范。	每错一项扣2分。错别字扣1分/个，不重复扣分。
	考核内容	60	办公电话接打操作规范、正确。	每个考核点操作要点30分，要点不全酌情扣1~6分，扣完为止。错别字扣1分/个，不重复扣分。

17.试题编号：H1-21、H1-22印信管理

评价内容		配分	评价标准	扣分细则
办公室事务管理	表达形式	20	文本表达通顺、简明扼要、条理清楚、标点符号使用正确、排版规范。表格标题规范，表格内各登记要素齐全。	每错一项扣2分。错别字扣1分/个，不重复扣分。
	考核内容	60	印信工作操作规范、正确。登记表填写信息全面、准确、简要。	每个考核点操作要点30分，要点不全酌情扣1~6分，扣完为止。错别字扣1分/个，不重复扣分。

18.试题编号：H1-23、H1-24印信管理

评价内容		配分	评价标准	扣分细则
办公室事务管理	表达形式	20	文本表达通顺、简明扼要、条理清楚、标点符号使用正确、排版规范。便条标题、称谓、正文、习惯用语、落款齐全，排版规范。	每错一项扣2分。错别字扣1分/个，不重复扣分。
	考核内容	60	印信工作操作规范、正确。	每个考核点操作要点30分，要点不全酌情扣1~6分，扣完为止。错别字扣1分/个，不重复扣分。

19.试题编号：H1-25印信管理

评价内容		配分	评价标准	扣分细则
办公室事务管理	表达形式	20	介绍信排版格式（标题、称谓、正文排版、习惯用语、落款）规范。表格标题规范，表格内各登记要素齐全。	每错一项扣2分。错别字扣1分/个，不重复扣分。
	考核内容	60	印信工作操作规范、正确。登记表填写信息全面、准确、简要。	每个考核点操作要点30分，要点不全酌情扣1~6分，扣完为止。错别字扣1分/个，不重复扣分。

20.试题编号：H1-26印信管理

评价内容		配分	评价标准	扣分细则
办公室事务管理	表达形式	20	便条标题、称谓、正文、习惯用语、落款齐全，排版规范。表格标题规范，表格内各登记要素齐全。	每错一项扣2分。错别字扣1分/个，不重复扣分。
	考核内容	60	印信工作操作规范、正确。申请单填写信息全面、准确、简要。	每个考核点操作要点30分，要点不全酌情扣1~6分，扣完为止。错别字扣1分/个，不重复扣分。

21.试题编号：H1-27、H1-28办公用品管理

评价内容		配分	评价标准	扣分细则
办公室事务管理	表达形式	20	文本表达通顺、简明扼要、条理清楚、标点符号使用正确、排版规范。便条标题、称谓、正文、习惯用语、落款齐全，排版规范。	每错一项扣2分。错别字扣1分/个，不重复扣分。
	考核内容	60	办公用品管理工作操作规范、正确。	每个考核点操作要点30分，要点不全酌情扣1~6分，扣完为止。错别字扣1分/个，不重复扣分。

22.试题编号：H1-29、H1-30办公用品管理

评价内容		配分	评价标准	扣分细则
办公室事务管理	表达形式	20	文本表达通顺、简明扼要、条理清楚、标点符号使用正确、排版规范。表格标题规范，表格内各登记要素齐全。	每错一项扣2分。错别字扣1分/个，不重复扣分。
	考核内容	60	办公用品管理工作操作规范、正确。《物品领用申请表》填写信息全面、准确、简要。	每个考核点操作要点30分，要点不全酌情扣1~5分，扣完为止。错别字扣1分/个，不重复扣分。

23.试题编号：H1-31、H1-32、H1-33、H1-34、H1-35沟通工作

评价内容		配分	评价标准	扣分细则
办公室事务管理	表达形式	20	文本表达通顺、简明扼要、条理清楚、标点符号使用正确、排版规范。	每错一项扣4分。错别字扣1分/个，不重复扣分。
	考核内容	60	沟通内容准确、完整、有效。	要点不全酌情扣1~12分，扣完为止。错别字扣1分/个，不重复扣分。

24.试题编号：H1-36、H1-37、H1-38、H1-39、H1-40协调工作

评价内容		配分	评价标准	扣分细则
办公室事务管理	表达形式	20	文本表达通顺、简明扼要、条理清楚、标点符号使用正确、排版规范。	每错一项扣4分。错别字扣1分/个，不重复扣分。
	考核内容	60	协调方法准确、灵活、有效。	要点不全酌情扣1~12分，扣完为止。错别字扣1分/个，不重复扣分。

模块二 秘书写作

1.试题编号：H2-1至H2-21 法定公文拟制

评价内容		配分	评价标准	扣分细则
法定公文拟制与作品	格式与排版	40	1.公文版头、主体、版记要素齐全，标注格式规范； 2.字体字号、行距字距、行数字数、缩进位置按照《党政机关公文格式》（国家标准）排版规定设置。	1.页面设置错误扣1~5分； 2.缺少格式要素，每少1个扣3~5分； 3.排版中需要标注要素名称的项，名称标错每错1处扣2分； 4.各要素标注位置每错1处扣2分； 5.需套红印刷的项无套红，或不需套红的项套红，每错1处扣2分； 6.字体字号、行距字距、行数字数、缩进位置每错1处扣2分； 7.如上扣分超过40分，则扣满40分为止。
	语言表达	40	1.标题写作规范，正文结构完整，落款规范； 2.观点正确； 3.条理清楚； 4.言简意赅； 5.语法修辞、标点符号规范，无错别字。	1.出现政治性错误，或缺乏可行性，扣2~10分； 2.标题拟写不规范扣1~5分； 3.正文结构层次混乱或缺失，扣2~10分； 4.语体风格错误扣2~10分； 5.语法修辞欠规范，不使用习惯语句，标点错误，错别字，每处扣1分（同一错误不重复计算）； 6.其他错误扣1~3分； 7.如上扣分超过40分，则扣满40分为止。

2.试题编号：H2-22至H2-40 事务文书拟制

评价内容		配分	评价标准	扣分细则
事务文书拟制与作品	格式与排版	30	1.标题要素齐全，正文结构完整，落款规范； 2.字体字号、行距字距、行数字数、缩进位置参照《党政机关公文格式》（国家标准）排版规定设置。	1.页面设置欠美观扣1~5分； 2.标题字体字号选择不当、位置摆放不当扣1~10分； 3.正文字体字号、行距字距、缩进位置不当扣1~10分； 4.落款错误扣1~5分。
	语言表达	50	1.标题写作规范，正文结构完整； 2.观点正确； 3.条理清楚； 4.言简意赅； 5.语法修辞、标点符号规范，无错别字。	1.出现政治性错误，或缺乏可行性，扣2~15分； 2.结构层次混乱或缺失，扣2~15分； 3.语体风格错误扣2~15分； 4.语法修辞欠规范，不使用习惯语句，标点错误，错别字，每处扣1分（同一错误不重复计算）； 5.其他错误扣1~5分。

模块三 文书与档案

1.试题编号：H3-1 文书处理

评价内容		配分	评价标准	扣分细则
文书处理	排版格式	20	便条排版格式。	字体字号不适宜、结构要素有缺漏，或排版位置有误，每错（漏）一处扣5分，扣完为止。
	技能要点	60	1.制度性操作规范名称与具体要求。 2.结合本公司情况选择恰当操作方式。	共5个赋分点，各占12分；结合本公司情况时，言之有理者酌情给分，错别字每个扣1分，不重复扣分。

2.试题编号：H3-2 文书处理

评价内容		配分	评价标准	扣分细则
文书处理	排版格式	20	便条排版格式。	字体字号不适宜、结构要素有缺漏，或排版位置有误，每错（漏）一处扣5分，扣完为止。
	技能要点	60	1.内涵解释。 2.四类分法。 3.结合公司实际说明操作要领。	共6个赋分点，各占10分；结合本公司情况时，言之有理者酌情给分；错别字每个扣1分，不重复扣分。

3.试题编号：H3-3 文书处理

评价内容		配分	评价标准	扣分细则
文书处理	排版格式	20	便条排版格式。	字体字号不适宜、结构要素有缺漏，或排版位置有误，每错（漏）一处扣5分，扣完为止。
	技能要点	60	共10项具体内容。	共10个赋分点，各占6分；结合本公司情况时，言之有理者酌情给分；错别字每个扣1分，不重复扣分。

4.试题编号：H3-4 文书处理

评价内容		配分	评价标准	扣分细则
文书处理	排版格式	20	便条排版格式。	字体字号不适宜、结构要素有缺漏，或排版位置有误，每错（漏）一处扣5分，扣完为止。
	技能要点	60	4项程序名称，4项具体操作要求。	第一项24分，第2~4项各占12分；程序名称与具体操作要求各占一半；错别字每个扣1分，不重复扣分。

5.试题编号：H3-5 文书处理

评价内容		配分	评价标准	扣分细则
文书处理	排版格式	20	标题、表头等。	字体字号不适宜、结构要素有缺漏，或排版位置有误，每错（漏）一处扣5分，扣完为止；特别美观适用者酌情给分。
	技能要点	60	1.标题内容。 2.表格内容。	标题结构内容不完整扣5分；文件信息要素、文件传阅要素共6项，缺（漏）一项3分；传阅操作部分共6项，少于5项每缺（漏）一项扣5分；错别字每个扣1分，不重复扣分；文字有出入，但方便适用，酌情给分。

6.试题编号：H3-6 文书处理

评价内容		配分	评价标准	扣分细则
文书处理	排版格式	20	便条排版格式。	字体字号不适宜、结构要素有缺漏，或排版位置有误，每错（漏）一处扣5分，扣完为止。
	技能要点	60	4种校对方法。4种相应操作要领。	校对方法4种，缺（漏）一项扣5分；相应操作要领4种，每缺（漏）一项扣10分；文字表达有出入，酌情赋分。错别字每个扣1分，不重复扣分。

7.试题编号：H3-7、H3-8、H3-9文书处理

评价内容		配分	评价标准	扣分细则
文书处理	排版格式	20	便条排版格式。	字体字号不适宜、结构要素有缺漏，或排版位置有误，每错（漏）一处扣5分，扣完为止。
	技能要点	60	5项具体内容。	每项要领各占12分，缺（漏）一项扣12分；内容欠完整、欠准确，酌情扣分；错别字每个扣1分，不重复扣分。

8.试题编号：H3-10 文书处理

评价内容		配分	评价标准	扣分细则
文书处理	排版格式	20	便条排版格式。	字体字号不适宜、结构要素有缺漏，或排版位置有误，每错（漏）一处扣5分，扣完为止。
	技能要点	60	3种操作方式及其要领。	每种方法各占8分，每项要领各占12分；每缺（漏）一项扣8~12分；表述欠完整、欠准确，酌情扣分；错别字每个扣1分，不重复扣分。

9.试题编号：H3-11 文书处理

评价内容		配分	评价标准	扣分细则
文书处理	排版格式	20	便条排版格式。	字体字号不适宜、结构要素有缺漏，或排版位置有误，每错（漏）一处扣5分，扣完为止。
	技能要点	60	1项含义，3项审核内容。	含义占30分，审核内容3项，每项占10分；含义部分表述欠完整、欠准确，酌情扣分；每缺（漏）一项扣10分；错别字每个扣1分，不重复扣分。

10.试题编号：H3-12 文书处理

评价内容		配分	评价标准	扣分细则
文书处理	排版格式	20	便条排版格式。	字体字号不适宜、结构要素有缺漏，或排版位置有误，每错（漏）一处扣 5 分，扣完为止。
	技能要点	60	1 项《条例》条款，3 项内容。	要点 4 项，每项占 15 分；每缺（漏）一项扣 15 分；表述欠完整、欠准确，酌情扣分；错别字每个扣 1 分，不重复扣分。

11.试题编号：H3-13 文书处理

评价内容		配分	评价标准	扣分细则
文书处理	排版格式	20	便条排版格式。	字体字号不适宜、结构要素有缺漏，或排版位置有误，每错（漏）一处扣 5 分，扣完为止。
	技能要点	60	1 项含义，2 项标注方法（内容与位置）。	1 项含义和 2 项标注方法（内容与位置），各占 20 分；每缺（漏）一项扣 20 分；表述欠完整、欠准确，酌情扣分；错别字每个扣 1 分，不重复扣分。

12.试题编号：H3-14 文书处理

评价内容		配分	评价标准	扣分细则
文书处理	排版格式	20	便条排版格式。	字体字号不适宜、结构要素有缺漏，或排版位置有误，每错（漏）一处扣 5 分，扣完为止。
	技能要点	60	《条例》规定公文传阅应该注意 5 个环节。	5 个环节，含环节名称与相应具体内容，每一环节各占 12 分。其中环节名称占 5 分，具体内容占 7 分；每缺（漏）一项扣 5 或 7 分；表述欠完整、欠准确，酌情扣分；错别字每个扣 1 分，不重复扣分。

13.试题编号：H3-15 文书处理

评价内容		配分	评价标准	扣分细则
文书处理	排版格式	20	便条排版格式。	字体字号不适宜、结构要素有缺漏，或排版位置有误，每错（漏）一处扣5分，扣完为止。
	技能要点	60	参照《党政机关公文处理工作条例》第九条第2款规定，编制公文密级有3个方法。	编制方法3项，每项占20分；每缺（漏）一项扣20分；表述欠完整、欠准确，酌情扣分；错别字每个扣1分，不重复扣分。

14.试题编号：H3-16 文书处理

评价内容		配分	评价标准	扣分细则
文书处理	排版格式	20	便条排版格式。	字体字号不适宜、结构要素有缺漏，或排版位置有误，每错漏一处扣5分，扣完为止。
	技能要点	60	1项《条例》条款，4项适用范围规定。	要点共5项，每项占12分；每缺（漏）一项扣12分；表述欠完整、欠准确，酌情扣分；错别字每个扣1分，不重复扣分。

15.试题编号：H3-17 文书处理

评价内容		配分	评价标准	扣分细则
文书处理	排版格式	20	便条排版格式。	字体字号不适宜、结构要素有缺漏，或排版位置有误，每错（漏）一处扣5分，扣完为止。
	技能要点	60	拟办公文应注意3个环节。	每1个环节各占20分。其中环节名称与具体操作内容各占10分；每缺（漏）一项扣10分；表述欠完整、欠准确，酌情扣分；错别字每个扣1分，不重复扣分。

16.试题编号：H3-18 文书处理

评价内容		配分	评价标准	扣分细则
文书处理	排版格式	20	便条排版格式。	字体字号不适宜、结构要素有缺漏，或排版位置有误，每错（漏）一处扣5分，扣完为止。
	技能要点	60	1项判断，1项《条例》条款，3项内容。	共5项，每项占12分；每缺（漏）一项扣12分；表述欠完整、欠准确，酌情扣分；错别字每个扣1分，不重复扣分。

17.试题编号：H3-19 文书处理

评价内容		配分	评价标准	扣分细则
文书处理	排版格式	20	便条排版格式。	字体字号不适宜、结构要素有缺漏，或排版位置有误，每错（漏）一处扣5分，扣完为止。
	技能要点	60	1项单位隶属关系，4项适用范围。	共5项，每项占12分；每缺（漏）一项扣12分；表述欠完整、欠准确，酌情扣分；错别字每个扣1分，不重复扣分。

18.试题编号：H3-20 文书处理

评价内容		配分	评价标准	扣分细则
文书处理	排版格式	20	便条排版格式。	字体字号不适宜、结构要素有缺漏，或排版位置有误，每错（漏）一处扣5分，扣完为止。
	技能要点	60	1项内涵，2项标注规定，1项判断及其依据。	共4项，每项占15分；每缺（漏）一项扣15分；表述欠完整、欠准确，酌情扣分；错别字每个扣1分，不重复扣分。

19.试题编号：H3-21 文书处理

评价内容		配分	评价标准	扣分细则
文书处理	排版格式	20	便条排版格式。	字体字号不适宜、结构要素有缺漏，或排版位置有误，每错（漏）一处扣5分，扣完为止。
	技能要点	60	《条例》规定15种，适用于一般企业的12种。	文种每缺少1项扣2分；第一问仅答"15"，不给分；企业文种出现命令、公报、议案，每项扣2分；错别字每个扣1分，不重复扣分。

20.试题编号：H3-22 文书处理

评价内容		配分	评价标准	扣分细则
文书处理	排版格式	20	便条排版格式。	字体字号不适宜、结构要素有缺漏，或排版位置有误，每错（漏）一处扣5分，扣完为止。
	技能要点	60	1项《条例》条款，1项含义，3项标注要领。	内容5项，每项占12分；每缺（漏）一项扣12分；表述欠完整、欠准确，酌情扣分；错别字每个扣1分，不重复扣分。

21.试题编号：H3-23 文书处理

评价内容		配分	评价标准	扣分细则
文书处理	排版格式	20	便条排版格式。	字体字号不适宜、结构要素有缺漏，或排版位置有误，每错（漏）一处扣5分，扣完为止。
	技能要点	60	1项《条例》条款，3项原则，1项判断，1项判断理由。	内容6项，每项占10分；每缺（漏）一项扣10分；表述欠完整、欠准确，酌情扣分；错别字每个扣1分，不重复扣分。

22.试题编号：H3-24 文书处理

评价内容		配分	评价标准	扣分细则
文书处理	排版格式	20	便条排版格式。	字体字号不适宜、结构要素有缺漏，或排版位置有误，每错（漏）一处扣5分，扣完为止。
	技能要点	60	1项《条例》条款，5项内容。	内容6项，每项占10分；每缺（漏）一项扣10分；表述欠完整、欠准确，酌情扣分；错别字每个扣1分，不重复扣分。

23.试题编号：H3-25 文书处理

评价内容		配分	评价标准	扣分细则
文书处理	排版格式	20	便条排版格式。	字体字号不适宜、结构要素有缺漏，或排版位置有误，每错（漏）一处扣5分，扣完为止。
	技能要点	60	3项程序，3项操作要领。	程序3项，各占5分，相关要领3项每项各占15分；要领部分表述欠完整、欠准确，酌情扣分；错别字每个扣1分，不重复扣分。

24.试题编号：H3-26 文书处理

评价内容		配分	评价标准	扣分细则
文书处理	排版格式	20	便条排版格式。	字体字号不适宜、结构要素有缺漏，或排版位置有误，每错（漏）一处扣5分，扣完为止。
	技能要点	60	参照《条例》规定5项内容。	内容共5项，每项占12分；每缺（漏）一项扣12分；表述欠完整、欠准确，酌情扣分；错别字每个扣1分，不重复扣分。

25.试题编号：H3-27 文书处理

评价内容		配分	评价标准	扣分细则
文书处理	排版格式	20	标题、表头等。	字体字号不适宜、结构要素有缺漏，或排版位置有误，每错（漏）一处扣5分，扣完为止；特别美观适用者酌情给分。
	技能要点	60	1. 标题内容。 2. 表格内容。	标题结构内容不完整扣5分；表格正文信息要素共15项，缺（漏）一项扣4分；表格形式有出入，但方便适用，酌情给分。

26.试题编号：H3-28 文书处理

评价内容		配分	评价标准	扣分细则
文书处理	排版格式	20	标题、表头等。	字体字号不适宜、结构要素有缺漏，或排版位置有误，每错（漏）一处扣5分，扣完为止；特别美观适用者酌情给分。
	技能要点	60	1. 标题内容。 2. 表格内容。	标题结构内容不完整扣5分；表格正文信息要素共12项左右，缺（漏）一项扣5分；表格形式有出入，但方便适用，酌情给分。

27.试题编号：H3-29 文书处理

评价内容		配分	评价标准	扣分细则
文书处理	排版格式	20	便条排版格式。	字体字号不适宜、结构要素有缺漏，或排版位置有误，每错（漏）一处扣5分，扣完为止。
	技能要点	60	3项工作程序，3项相关操作要领。	程序共3项，各占8分，相关操作要领共3项，各占12分；每缺（漏）一项扣8及12分；表述欠完整、欠准确，酌情扣分；错别字每个扣1分，不重复扣分。

28.试题编号：H3-30 文书处理

评价内容		配分	评价标准	扣分细则
文书处理	排版格式	20	便条排版格式。	字体字号不适宜、结构要素有缺漏，或排版位置有误，每错（漏）一处扣5分，扣完为止。
	技能要点	60	6项工作程序，6项相关操作要领。	程序与相关操作要领各6项，各占5分；每缺（漏）一项扣5分；表述欠完整、欠准确，酌情扣分；错别字每个扣1分，不重复扣分。

29.试题编号：H3-31 档案管理

评价内容		配分	评价标准	扣分细则
档案管理	排版格式	20	电子邮件排版格式。	字体字号不适宜、结构要素有缺一项或位置每错（漏）一处扣5分，扣完为止。
	技能要点	60	1项方法名称，5项具体方法。	技能要点共6项，每错一项扣10分；表述欠完整、欠准确，酌情扣分；错别字每个扣1分，不重复扣分。

30.试题编号：H3-32 档案管理

评价内容		配分	评价标准	扣分细则
档案管理	排版格式	20	电子邮件排版格式。	字体字号不适宜、结构要素每缺1项或位置每错1处扣5分，扣完为止。
	技能要点	60	1项判断，4项相关材料。	答案要点共5项；判断一项，错误者扣20分；相关材料4项，每错1项扣10分；表述欠完整、欠准确，酌情扣分；错别字每个扣1分，不重复扣分。

31.试题编号：H3-33 档案管理

评价内容		配分	评价标准	扣分细则
档案管理	排版格式	20	电子邮件排版格式。	字体字号不适宜、结构要素每缺1项或位置每错1处扣5分，扣完为止。
	技能要点	60	5项文书立卷程序，5项各程序操作要领。	文书立卷程序5项，各程序操作要领5项，各占6分；每错（漏）一项扣6分；表述欠完整、欠准确，酌情扣分；错别字每个扣1分，不重复扣分。

32.试题编号：H3-34 档案管理

评价内容		配分	评价标准	扣分细则
档案管理	排版格式	20	电子邮件排版格式。	字体字号不适宜、结构要素每缺1项或位置每错1处扣5分，扣完为止。
	技能要点	60	2项步骤，7项注意事项。	2项步骤，每错1项扣15分；7项注意事项，答对6项即给满分，每错1项扣4分；表述欠完整、欠准确，酌情扣分；错别字每个扣1分，不重复扣分。

33.试题编号：H3-35 档案管理

评价内容		配分	评价标准	扣分细则
档案管理	排版格式	20	电子邮件排版格式。	字体字号不适宜、结构要素每缺1项或位置每错1处扣5分，扣完为止。
	技能要点	60	1项判断，3项操作规范。	判断与操作规范共4项，各占15分；每错（漏）1项扣15分，欠准确，酌情扣分；错别字每个扣1分，不重复扣分。

34.试题编号：H3-36、H1-37 档案管理

评价内容		配分	评价标准	扣分细则
档案管理	排版格式	20	电子邮件排版格式。	字体字号不适宜、结构要素每缺1项或位置每错1处扣5分，扣完为止。
	技能要点	60	3项内容。	3项内容，各占20分；每错（漏）1项扣20分；表述欠完整、欠准确，酌情扣分；错别字每个扣1分，不重复扣分。

35.试题编号：H3-38、H1-39 档案管理

评价内容		配分	评价标准	扣分细则
档案管理	排版格式	20	电子邮件排版格式。	字体字号不适宜、结构要素每缺1项或位置每错1处扣5分，扣完为止。
	技能要点	60	4项内容。	内容4项，各占15分；每错（漏）1项扣15分；表述欠完整、欠准确，酌情扣分；错别字每个扣1分，不重复扣分。

36.试题编号：H3-40 档案管理

评价内容		配分	评价标准	扣分细则
档案管理	排版格式	20	电子邮件排版格式。	字体字号不适宜、结构要素每缺1项或位置每错1处扣5分，扣完为止。
	技能要点	60	5项内容。	内容5项，各占12分；每错（漏）1项扣12分；表述欠完整、欠准确，酌情扣分；错别字每个扣1分，不重复扣分。

模块四 会议组织与服务

1.试题编号：H4-1至H4-20 会议筹备、会中服务

评价内容		配分	评价标准	扣分细则
会议筹备操作与作品	内容要素	30	要点齐全，操作规范。	每套试题覆盖到的考核点答错一项酌情扣1~8分，答题欠完整规范每处酌情扣0.5~4分；参考答案中未涉及的内容，如果合理有效，酌情给1~4分。
	结构要素	10	结构完整，层次清晰，条理清楚。	结构要素每缺一项或位置每错一处扣1~3分；正文层次条理欠清晰者，可酌情扣1~3分。
	语言表达	10	语言平实、流畅，语法修辞正确，标点符号使用规范，无错别字。	语法、修辞欠规范，每错一处扣1分；错别字扣1分/个，不重复扣分；其他情况酌情扣1~3分。
	排版	10	参照《党政机关公文格式》。	酌情扣分，每错一处扣1~3分，最多扣10分。
会中服务	技能要点	16	1. 一般性操作规范。 2.结合实际情况选择恰当操作方式。	每答错一处酌情扣1~6分，答题不全每处酌情扣1~3分，扣完为止；语言表达有误酌情扣1~3分（同一错误不重复计算）。
	排版	4	便条排版格式。	结构要素每缺一项或位置每错一处扣1分，扣完为止。

2.试题编号：H4-21至H4-40 会议筹备、会后工作

评价内容		配分	评价标准	扣分细则
会议筹备操作与作品	内容要素	30	要点齐全，操作规范。	每套试题覆盖到的考核点答错一项酌情扣1~8分，答题欠完整规范每处酌情扣0.5~4分；参考答案中未涉及的内容，如果合理有效，酌情加1~4分。
	结构要素	10	结构完整，层次清晰，条理清楚。	结构要素每缺一项或位置每错一处扣1~3分；正文层次条理欠清晰者，可酌情扣1~3分。
	语言表达	10	语言平实、流畅，语法修辞正确，标点符号使用规范，无错别字。	语法、修辞欠规范，每错一处扣1分；错别字扣1分/个，不重复扣分；其他情况酌情扣1~3分。
	排版	10	参照《党政机关公文格式》。	酌情扣分，每错一处扣1~3分，最多扣10分。

续表

评价内容		配分	评价标准	扣分细则
会后工作	技能要点	16	1.一般性操作规范； 2.结合实际情况选择恰当操作方式。	每答错一处酌情扣 1~6 分，答题不全每处酌情扣 1~3 分，扣完为止；语言表达有误酌情扣 1~3 分（同一错误不重复计算）。
	排版	4	便条排版格式。	结构要素每缺一项或位置每错一处扣 1 分，扣完为止。

（三）跨岗位综合技能

模块一　活动策划

1.试题编号：Z1-1、Z1-2、Z1-3仪式庆典

评价内容		配分	评价标准	扣分细则
活动策划	表达形式	20	结构要素规范，层次条理清楚，语言表达通顺，标点符号使用正确。	每错一项扣 5 分。标点符号使用不当扣 1 分 / 个。错别字扣 1 分 / 个，不重复扣分。
	考核内容	60	仪式庆典策划方案标题表述准确、完整，活动背景说明充分，活动目标有层次，活动主题明确，受邀对象准确，宣传方式多样，实施安排具体细致，活动流程科学合理，经费预算表格化、细化，效果评估科学合理，有落款。	考核点操作要点共 60 分，要点不全酌情扣 1~8 分，扣完为止。

2.试题编号：Z1-4 、Z1-5、Z1-6信息发布会

评价内容		配分	评价标准	扣分细则
活动策划	表达形式	20	结构要素规范，层次条理清楚，语言表达通顺，标点符号使用正确。	每错一项扣 5 分。标点符号使用不当扣 1 分 / 个。错别字扣 1 分 / 个，不重复扣分。
	考核内容	60	信息发布会策划方案标题完整、准确，活动背景说明充分，活动目标明晰，活动主题明确，目标公众定位准确，活动模式正确，传播渠道多样化，实施安排详尽，流程设计科学合理，经费预算表格化、细化，效果评估科学合理，有落款。	考核点操作要点共 60 分，要点不全酌情扣 1~8 分，扣完为止。

模块二 辅助决策

1.试题编号：Z2-1 项目管理

评价内容		配分	评价标准	扣分细则
项目管理	标题	20	标题结构完整、表达准确，字体字号、对齐方式美观规范。	每错一项扣 5 分；错别字扣 1 分/个，不重复扣分。
	建议正文要点	60	从现代信息化管理系统开发设计、建立与使用、生产台账信息要素、人员配置、与相关管理系统建立共享机制、备选方案等方面作答。 备注：言之有理者酌情给分。	少于 5 项内容者，每缺少一项扣 12 分；内容错误者，每错一项扣 6~12 分；错别字扣 1 分/个，不重复扣分。

2.试题编号：Z2-2危机管理

评价内容		配分	评价标准	扣分细则
危机管理	标题	20	标题结构完整、表达准确，字体字号、对齐方式美观规范。	每错一项扣 5 分；错别字扣 1 分/个，不重复扣分。
	建议正文要点	60	从处理方案设计、处理原则（止损、调研、沟通协调、检查跟进、寻求公司利益最大化）等方面作答。 备注：言之有理者酌情给分。	少于 5 项内容者每缺少一项扣 12 分；内容错误者，每错一项扣 6~12 分；错别字扣 1 分/个，不重复扣分。

3.试题编号：Z2-3 项目管理

评价内容		配分	评价标准	扣分细则
项目管理	标题	20	标题结构完整、表达准确，字体字号、对齐方式美观规范。	每错一项扣 5 分；错别字扣 1 分/个，不重复扣分。
	建议正文要点	60	从问题、风险、原因、对策、建议等方面作答。 备注：言之有理者酌情给分。	少于 3 项内容者(问题、原因、对策)，每缺少一项扣 20 分；内容错误者，每错一项扣 6~12 分；错别字扣 1 分/个，不重复扣分。

4.试题编号：Z2-4危机管理

评价内容		配分	评价标准	扣分细则
危机管理	标题	20	标题结构完整、表达准确，字体字号、对齐方式美观规范。	每错一项扣5分；错别字扣1分/个，不重复扣分。
	建议正文要点	60	从组织、媒体、公众等方面寻求危机管理的最佳途径和做法。 备注：言之有理者酌情给分。	对组织、媒体和公众3个要素的分析每缺少一项扣20分；内容错误者，每错一项扣6~12分；错别字扣1分/个，不重复扣分。